¿Hacia dónde vamos?
Repensando las sociedades postmodernas

¿Hacia dónde vamos?
Repensando las sociedades postmodernas

Alfonso Vázquez Atochero

 anthropiQa 2.0

©-Alfonso Vázquez Atochero
© anthropiQa 2.0
    Lulu Press Inc (edición compartida)
http://www.anthropiQa.com
editorial@anthropiQa.com
Badajoz, España   /   Raleigh (North Carolina)

Edición primera, marzo de 2014
I.S.B.N. 978-1-291-77755-0

Estamos en una transición histórica. Los grandes cambios de sistemas institucionales, sobre todo cuando no son violentos, tienen un proceso lento. Y no siempre vamos hacia proyectos más progresistas, a veces más democracia representa valores reaccionarios que están en la sociedad, como en Escandinavia. Lo que ocurre es que la irrupción de nuevos movimientos sociales que no están en el sistema supone un camino lento de transformación institucional. Pero, a largo plazo, no puede existir una sociedad democrática en que las instituciones no representen mayoritariamente los intereses y valores de los ciudadanos. [...] hasta ahora los políticos profesionales tenían el monopolio del poder. Fíjese qué problema, ahora tienen que compartirlo con la gente ¡Nunca habían contado con esto! Ellos pensaban que a los ciudadanos les contestabas un poco con cuatro cosas y de vez en cuando había una alternancia, pero se ponían de acuerdo entre ellos en lo esencial: que monopolizaban el poder. Por lo tanto, ahora hay pánico y si pudieran suprimir Internet lo harían, pero ya es muy tarde.

Manuel Castells
Para la Voz de Galicia, diciembre de 2013

Españoles, hemos mentido por encima de nuestras posibilidades

RIP: El exilio princesa del pueblo
Bocazas OnLine
El cazador cazado
Phubbing, el arte de ignorar al prójimo
Responsabilidad social de la publicidad
Publicidad: El riesgo de elegir un buen nombre
600 latigazos por googlear

Crisis, banca y mentiras
WhatsAppSpy 1.02
Ego twitter absolvo

Así domesticamos el mundo: Comunicaciones 3.0
Relaciones tóxicas: ¿El móvil conecta o desconecta?
¿Es la investigación el camino al desarrollo?
Éxitos y fracasos del sistema educativo

Así domesticamos el mundo: la sedentarización
Guerra Santa o Alianza de Civilizaciones
Microsoft y Nokia ¿crónica del quiero y no puedo?
Facebook o el vértigo bursátil
Olvido y memoria digital
El mito de la privatización

Adiós Messenger, ¿Qué hay de nuevo, Skype?
Religión Católica, una asignatura apasionante

Cadenas de poder
Los principios para triunfar en política

Así domesticamos el mundo: el fuego
Termina el Mobile World Congress Barcelona 2013.

PRÓLOGO

Si bien es cierto que la eclosión de las telecomunicaciones no nos resulta un fenómeno novedoso, la proyección de sus posibilidades sobre las sociedades modernas no ha hecho más que empezar. Serán las telecomunicaciones junto con las ciencias de la computación y la nueva electrónica molecular las disciplinas que más pronto que tarde traerán consigo un cambio trascendental. El uso de circuitos electrónicos de bajo coste y alta versatilidad ha hecho posible establecer una gigantesca red de conexión interplanetaria (valga como ejemplo las sondas de exploración en la superficie de Marte), nada comparado con las posibilidades que traerá consigo la implementación de los recursos de la nueva electrónica.

El paradigma de la repercusión de las telecomunicaciones y ciencias de la computación lo encontramos en Internet.

Internet es una consecuencia lógica y un inicio indiscutible; de un lado, es el resultado lógico de los avances en microelectrónica que hemos venido logrando desde la aparición del transistor como elemento básico y fundamental de los circuitos electrónicos (no confundir con el término que coloquialmente se acuñó para denominar a los receptores de radio); de otro lado supone el comienzo de un nuevo uso de los últimos y venideros avances electrónicos.

Si fuera Internet un elemento tangible sería la plasticidad su cualidad más característica. Debemos diferenciar entre Internet como red física, dotada de una capa lógica de protocolos, cada vez más sofisticados y, la herramienta multiforme que el anterior pone a disposición de los diferentes usuarios y beneficiarios de su propósito. Cabe destacar que son precisamente los usuarios los que dotan a la red de esta característica de plasticidad y contribuyen a que las posibilidades de la herramienta establecida se conforme con un potencial que crece junto al tamaño del entramado físico de máquinas conecgtadas.

El impacto de internet en las sociedades a las que denominamos modernas, y muy pronto en aquellas zonas del planeta aún en vía de desarrollo, tanto en el aspecto socio-económico como a nivel cultural está siendo indiscutible (cabría destacar el arbitrio que provoca en algunas de las decisiones a escala mundial por parte de los poderes políticos); un impacto que se encuentra aún en una fase muy inicial y del que sus consecuencias han venido siendo impredecibles. Nuevos modelos de negocios, empresas, servicios; nuevos órdenes en las transacciones económicas; nuevas formas de relacionarse; nuevos modos de manejar y controlar las emociones, un sin fin, en definitiva, de nuevos aspectos que han provocado que la entrada de Internet en nuestras vidas haya supuesto un cambio especialmente cualitativo en nuestra relación con el entorno. Se aprecia también un cambio cuantitativo respecto a tradicionales modelos y propósitos que encuentran en Internet una herramienta perfecta. Se establecen dos tendencias bien diferenciadas, de un lado los logros y nuevos servicios que Internet pone a nuestra disposición venidos de la mano de nuevas formas de negocio y servicios; de otro lado los recursos desinteresados de usuarios que encuentran en Internet una nueva forma de expresión y una herramienta con la que poder relacionarse con su entorno bajo unas reglas inexistentes hasta ahora. Sin duda ninguna el uso bidireccional de Internet (la recogida y aporte de información y servicios) tanto a nivel individual como a nivel colectivo ha supuesto un cambio conceptual en la forma de relacionarnos y de entender las sociedades tradicionales.

La importancia y el potencial de Internet quedan de manifiesto cuando comprobamos que, a nivel mundial, las mayores potencias y los países más controvertidos para con el sistema económico-social predominante establecen una especie de partida de ajedrez que mucho tiene que ver con los contenidos y posibilidades que la red nos ofrece. Hoy por hoy la explotación económica y control a aquellos países en vía de desarrollo (desgraciadamente sigue siendo una realidad) tiene un coste mayor en credibilidad para el país ejecutor. Queda Internet de este modo llamado a convertirse en el primer y más relevante mensajero de la actualidad pudiendo llegar a condicionar en ocasiones las decisiones más trascendentes en política mundial. Aunque no estamos sugiriendo que Internet por sí solo esté llamado a transformar la sociedad, un uso libre y activo del mismo nos presenta un futuro más esperanzador.

No cabe duda de que más allá del aspecto global y de la repercusión que Internet pueda tener sobre sociedades futuras este toma verdadera relevancia en la cotidianeidad de la vida de las personas. Gran parte de nuestro tiempo lo pasamos interactuando desde Internet. Unas veces de forma explícita y otras de manera transparente o implícita hábitos cotidianos tienen una estrecha relación con la red Internet; el pago en un supermercado, la solicitud de una cita médica, la recepción de una llamada telefónica o la activación remota del aire acondicionado del hogar son todas acciones cotidianas que pueden valerse de las posibilidades que nos ofrece Internet y aunque estas acciones podrían realizarse mediante otros recursos, no cabe duda que el uso de la red las agiliza y simplifica. Otras necesidades actuales sin embargo solo pueden ser cubiertas de forma satisfactoria con el uso de las telecomunicaciones e Internet, valgan como ejemplo la investigación multidisciplinar de equipos científicos que nos llevan a continuos y prósperos logros en infinidad de aspectos fundamentales en nuestras vidas o el uso del recurso por aquellas personas que en determinadas ocasiones solo con él encuentran la manera de no desfallecer. Nacen a la sombra de Internet servicios necesarios que le son propios y otros absolutamente prescindibles.

Nuestro sistema económico es un sistema basado en los servicios y no en los recursos. Desde la producción de un bien o explotación de un recurso natural hasta su aprovechamiento, este recorre un largo camino de servicios que en la mayoría de ocasiones y bajo otra perspectiva serían ciertamente innecesarios. Es esta mina de servicios la que en realidad sienta las bases de la economía actual. Internet no ha quedado ajeno a este mismo modelo y con ello de entre todo el trigo que podemos cosechar en nuestro acercamiento a la red global tenemos necesariamente que separar grandes cantidades de paja. En los primeros años tras la aparición de Internet, la principal actividad del usuario novel era la búsqueda o recogida de información. Actualmente el usuario, desde un primer momento se convierte en protagonista más o menos activo y creador de contenidos de menor o mayor relevancia.

En la evolución de los recursos que Internet pone a disposición del usuario y el modo en que este los aprovecha se han dando situaciones inverosímiles. Hasta hace muy poco lo lógico era pensar que un punto de encuentro tan extenso no era necesario para nuestras relaciones interpersonales del día a día, la práctica ha puesto de manifiesto que es Internet un sumidero para cualquier tipo de comunicación instantánea con nuestro entorno más cercano y que además en determinados rangos de edad una herramienta de uso tan cotidiano como imprescindible; casi la totalidad de los adolescentes en las sociedades modernas se valen de Internet como elemento primordial para socializarse.

Usamos el entramado físico de la red Internet a diario, recogemos y aportamos información en una práctica habitual, podemos decidir qué servicios nos interesan y aquellos que preferimos ignorar. Con nuestra participación en determinados círculos de opinión enfatizamos nuestras posiciones ideológicas, aprovechamos los recursos para agilizar y facilitarnos tareas cotidianas. Tenemos la posibilidad de adquirir mayor juicio en las posiciones adoptadas frente a acontecimientos importantes dado el mar de información a nuestra disposición cada vez más independiente. Si definitivamente aceptamos que Internet está cambiando nuestra forma de relacionarnos y que además somos en parte protagonistas de este cambio cabe preguntarse por el tipo de cambio que queremos. Queda Internet de este modo condicionado por lo que en esencia somos, lo que de él podamos extraer y lo que al mismo podamos aportar que, no será otra cosa que lo propiamente somos como conjunto social.

Es Internet una herramienta de alto potencial que debe ser usada con criterio y en la que la mejor fórmula para aprovecharla es la propia experiencia ajena a interferencias mercantilistas. Es el usuario quien debe decidir si prefiere estar "en red -ado" o enredar con lo que podría no ser más que un novedoso juguete.

En estas páginas se refleja de forma distendida y amena como la red Internet puede mantener en contacto a personas de muy diferente localización, costumbres y posiciones, de tal forma que el conglomerado de ideas, noticias, espíritu y sentimientos quedan a disposición de cuantos pasean por las autopistas de la información. Es el Blog un nuevo útil con muy diferentes propósitos. El Blog "¿Hacia dónde vamos? Ciberantropología y Comunicación Audiovisual" es un punto de encuentro en el que poder disertar sobre que nos deparan los avances tecnológicos y autopistas de la información, como están influyendo en nuestras vidas, en qué modo se verá impactada nuestra realidad social y qué nuevas expresiones culturales traerán consigo.

Hasta el momento conocemos una nueva forma de comunicación de posibilidades impensables hace pocos años. De aquí en adelante nos adentramos en nuevos modelos de percepción.

Alberto Ledo (Notrec)

La nueva era: mayas del siglo XXI

Comienza un nuevo año y el panorama social no parece mejorar. La crisis continúa igual, es decir, machacando a los que menos tienen y aumentando el patrimonio de los que controlan el mercado. Malos tiempos para los derechos sociales y la igualdad.

Por otra parte, como era previsible, el mundo no terminó el 20-12-2012. La fecha crea un interesante efecto numérico en el calendario gregoriano, y coincide casi con el solsticio de invierno. A parte de eso, poco más, un día como otro cualquiera. Pero resulta que la fecha concordaba con un presunto cambio de ciclo en los cálculos del pueblo maya. Hollywood rápidamente sacó partido a la historia y presentó pseudo-películas que recreaban el escenario apocalíptico que terminaría con la vida en la Tierra. Hubo quien se lo creyó y se lo tomó muy en serio, como hace 12 años, cuando un iluminado Paco Rabanne previó el fin de París a causa de la caída de la estación espacial rusa sobre la capital francesa. Pues como tras cada tormenta llega la calma, podemos ver que no terminó el mundo, igual que ocurrió ante los temores del año mil. Y más recientemente, en plena sociedad tecnificada, moderna y culta, hace tan solo 12 años, con el cambio de milenio, tampoco llegó ningún hecho que acabara con el destino de la humanidad, a pesar de las leyendas que creían en un apocalipsis.

Con todo ello, para celebrar el cambio de era maya, es momento de anunciar también un cambio de era en este blog. Desde 2007 hemos venido tratando exclusivamente temas tecnológicos. A partir de ahora, los post que se publicarán en www.alfonsovazquez.com serán más amplios. Seguiremos con los tecnológicos, que además se editarán, junto con los de los otros colaboradores, en www.ciberantropologia.org. Junto a ellos aparecerán temas con nuevas etiquetas en mayúsculas (para identificarlos mejor en el cloud-tag del blog).

Serán nuevas las entradas de SOCIOLOGIA, para tratar de aspectos de relevancia social y política y ANTROPOLOGIA para referirnos a aspectos simbólicos y culturales.

Esperamos que el cambio y la ampliación de temas sean del agrado de los lectores habituales, toda vez que no agradaría ampliar el grupo de habituales de este blog.

6/1/2013
Se des-armó el belén

Con el día de reyes, cada vez más tecnológico, concluyen las navidades 2012-13. A priori las navidades eran ya una fiesta simbólicamente convulsa, en la que se mezclaban ritos y símbolos celtas, paganos y tribales, aunque la curia católica se ha venido atribuyendo la propiedad del compuesto resultante. A todo ello este año hay que sumar que la globalización nos hizo confundir portalitos, arbolitos, papasnoeles y reyesmagos con apocalipsis mayas. Más jaleo para la amalgama que gira en torno al solsticio de invierno - único hecho probado-.

Además, y como no terminó el mundo, quedarán en nuestros corazones las ideas del papa que, contagiado de tanto recorte en los gobiernos mediterráneos, decidió aplicar un ERE en su complejo simbólico -adiós a la mula y al buey- así como una deslocalización de sus fichajes de cierre de temporada, al hacer que los reyes magos no vinieran de oriente, sino de los antiguos territorios tartesos. Vamos, del oeste de Andalucía. Ya veremos si estos cambios son definitivos o volvemos al concepto prebenedictino si Angela Merkel y la Troika toman las riendas del Vaticano.

9/1/2013
Corrupción política, permisibilidad judicial

Según una encuesta de la Vanguardia en noviembre de 2011, Durán i Lleida era el quinto político mejor valorado, por detrás de Rosa Díez, Uxue Barkos, Mariano Rajoy y Alfredo Pérez Rubalcaba. Sin embargo, en estos primeros días de 2013, esta valoración ha sufrido un fuerte revés al salir la sentencia judicial del caso Pallerols, donde se demuestra que CiU desvió de manera ilegal casi medio millón de euros. Sin embargo, no ha pasado nada, se devuelve el dinero y asunto resuelto. Al igual que en otras oscuras tramas desarrolladas por representantes políticos, todo queda nada, en poco más que buenas palabras. Choca cuando menos este tratamiento favorable de la justicia para con estos dirigentes mientras que con extremada facilidad se permite la ejecución de hipotecas y la pérdida continua de derechos. Porque lo de CiU es sólo la gota que colmó el vaso, pero tirando de hemeroteca acumulamos una obscena cantidad de casos de corrupción entre los "servidores públicos" en los últimos años.

Concluiremos este post con una serie de cuestiones fundamentales ¿Cómo es posible que una resolución judicial llegué más de diez años después de que se consumarán los hechos? ¿Cómo es posible que tras haberse descubierto una malversación de fondos todo quede en un palmadita en la espalda? ¿Están condicionadas las resoluciones judiciales dependiendo de quién sea el acusado? ¿Ha perdido el poder judicial una oportunidad de oro para demostrar que está contra el delito y a favor de la igualdad? Y por último, y quizá la más preocupante de todas ¿existe un doble rasero a la hora de aplicar la ley?

11/1/2013
La paradoja del pollo frito

Ramoncín ha acudido hoy a los juzgados. El juez le ha imputado los delitos de apropiación indebida y/o administración desleal, así como falsedad documental, basándose en un informe aportado por la Guardia Civil. El exdirectivo de la SGAE fue un ardiente defensor de la propiedad intelectual y arremetió contra los usuarios que descargaban material de la red, así como contra los servidores que albergaban contenidos y los blogs que los enlazaban.

Según los informes judiciales, facturó a la SGAE 170.000 euros por unos servicios inciertos. Sin embargo el afirma que los recibió, entre otras cosas, por una herramienta contra la piratería se vendió a la SGAE. Y ha añadido que si no "se la hubiera vendido a la SGAE lo hubiera hecho en Estados Unidos a Steve Jobs".

Ya se pueden imaginar el éxito del i-ramoncín el i-tunes: el siguiente bombazo de Apple. El caso es que no deja de ser una paradoja que aquel que se erigió en paladín contra los que se apropiaban indebidamente de sus canciones ahora sea juzgado por apropiación indebida de los fondos recaudados con el canon que pretendía resarcir a los autores por la "lacra" de las descargas ilegales.

12/1/2013
Internet está de luto

Internet se viste de luto. Aaron Swartz se suicidó el viernes 11 a la edad de 26 años. Quizá no tan mediático como Steve Jobs, su muerte no ha trascendido en los medios convencionales como se hizo con el ideólogo de Apple. Sin embargo, Swartz luchó desde muy joven para construir un lugar en el que los contenidos fluyeran libremente y ha sido un personaje clave que la red que disfrutamos cada día sea como es.

Sin ánimo de lucro colaboró en el desarrollo de los RSS 1.0, Reddit, Markdown, Open Library y se puede destacar, por encima de todo, su defensa por la cultura libre.

Sin embargo, fue juzgado por haber descargado 4 millones de artículos científicos de JSTOR sujetos a copyright con la intención de liberarlos, lo que le costó una sentencia de un millón de dólares de multa y 35 años de cárcel. La familia achaca precisamente al proceso judicial las causas del suicidio de Aaron.

13/1/2013
Alicia en el país de las maravillas

¿Qué se puede hacer un domingo por la mañana? ¿Qué se puede hacer navegando por Internet? Mil maneras de pasar el rato. Vamos a comentar el caso de un blog mediático: 5.000.000 millones de visitas en poco más de dos meses y la aparición en diversos medios de comunicación de todo el mundo ¿Qué tiene de especial? Su autora, una bloguera que se hace llamar Alicia, coloca a diario fotos de sus escotes. Posa con diferentes modelos, en ropa interior, con peluches, escribe dedicatorias a sus fans en su escote y acepta sugerencias. El rasgo común a todas las imágenes es que no muestra su rostro. Así, a pesar de tener unas fotos vistas por millones de internautas, sigue siendo una gran desconocida ¿Puede ser ésto divulgar la intimidad? ¿El morbo de llegar a millones de personas a las que no conocerá y que no la conocerán? ¿Búsqueda de publicidad para una posterior presentación en sociedad?

Aunque las feministas se lleven las manos a la cabeza, no podríamos decir que se trata de machismo. Aparentemente es una iniciativa individual femenina, en la que parece ser que Alicia se alimenta del propio morbo que ofrece en la red ¿Machismo, exhibicionismo o egocentrismo? En cualquier caso, a pesar de ese aura de modernidad y alternativa culturalidad que rodea la blogosfera, los instintos primarios están tan presentes en las postmodernidad que en las más antiguas sociedades.

15/1/2013
Entre pillos anda el juego. El porqué de la desafección
política.

Cuando los políticos, tanto en España como en otros países, determinan que ya han cumplido su abnegada etapa de sacrificio altruista por el resto de sus compatriotas, suelen retirarse en empresas con las que tuvieron algún trato durante su mandato. Sirvan como ejemplo los casos de Felipe González, que fichó por Gas Natural, o Aznar, que hizo lo propio por Endesa. Esta práctica es mirada con recelo por los sectores sociales más críticos, que no ven claro como un presidente que ayuda a privatizar una sustanciosa empresa pública, tras abandonar su puesto público acepta otro, aún mejor remunerado, en la empresa que privatizaron.

Sin embargo no sólo las cabezas visibles de los gobiernos se aprovechan de su posición de privilegio para asegurarse un "sueldillo extra" al finalizar su cargo". En la amplia jerarquía de jefes y jefecillos de nuestro país vemos como algunos antiguos ministros (Rodrigo Rato) salen impunes tras hundir cajas de ahorro, lo que parece ser una costumbre familiar, y pasan de buenas a primeras a cargos de primera línea en empresas de comunicaciones (uhhh, en España solo se ha privatizado una de este tipo, precisamente cuando era presidente de gobierno el señor Aznar que, curiosamente, deseaba a Rato como sucesor). También en las filas del PSOE son aficionados a estas prácticas, y vemos como Bibiana Aído, exconsejera de igualdad de la era zp, se proporcionó un puesto en Nueva York, con un sueldo también muy sustancioso, lo que le permite vivir en un barrio chic, con vecinos populares como Beyoncé, Mariah Carey, Meryl Streep o Robert De Niro. Y es que resulta que es del todo normal, ya que un puesto de estas características en la ONU, un nivel P5, está muy bien pagado. Concretamente entre 8.000 y 10.000 euros al mes. Sin embargo, lo que no resulta normal es que en la administración, tras un duro proceso de concursos y oposiciones, un doctor no llegue a 3.000€, un licenciado esté entre los 1.500- 2.000 mientras que para ser ministro no se pida nada. Bueno, un buen padrino, ya que el mayor mérito del c.v. de la señorita Aído resultó ser protegida de Chaves.

También aprovechan su situación consejeros autonómicos como el señor Juan José Güemes, que en la actualidad es consejero de Unilabs (Grupo Capio), la empresa sanitaria que compró el 55% de la UTE a la que él mismo adjudicó el servicio público de análisis médicos en seis hospitales madrileños. Y no sólo conforman este lastre los que recalan en la empresa privada, sino aquellos que va absorbiendo el sistema por la puerta falsa: gabinetes, consorcios, diputaciones, fundaciones... Demasiado peso para los presupuestos de un estado de economía poco boyante. Y demasiada poca ética para después decir: "es que hemos vivido por encima de nuestras posibilidades".

Este tipo de actitudes llevan a crear un sentimiento de rechazo hacia la clase política, así como una brecha entre ciudadanía y las estructuras de poder. Esta falta de afecto, esta desafección, lleva al fracaso de los sistemas democráticos. Las urnas dejan de ser una referencia y se convierten en una débil y falaz fuente legitimadora. Sin embargo, desde la cumbre de la pirámide electoral, elegidos y electos se congratulan con participaciones por debajo del 50%, haciendo caso omiso a las señales de desidia del electorado.

20/1/2013
El regreso de Megaupload

Hace unos meses el gobierno americano clausuró cientos de páginas acusadas de difundir de manera ilegal en Internet contenidos audiovisuales. El impulsor de uno de los servidores más populares, Megaupload, anunció que volvería con una alternativa. Y finalmente llegó. El nombre no se aleja mucho de su predecesora: Mega. La nueva web de Kim Dotcom, que ha visto la luz justo un año después de que su hermana mayor fuera eliminada, se vio colapsada en su estreno con 1 millón de usuarios registrados. La culpa la tienen 50 gigas gratis en la nube.

No sabemos cómo terminará la nueva aventura de este informático alemán afincado en Nueva Zelanda, que se ve muy seguro cuando afirma que "legalmente, no hay nada que pueda usarse para cerrar mi nuevo sitio, que es tan legítimo y tiene tanto derecho a existir como Dropbox, Boxnet o cualquier otro de los competidores". A diferencia de Megaupload, los contenidos de los servidores estarán encriptados, con lo que ni los administradores sabrán que contienen los ficheros subidos por los usuarios.

23/1/2013
¿Existe la casta política?

Últimamente se ha venido hablando de la existencia de una casta o de clase política. El término casta, usado peyorativamente, es rechazado por militantes, fieles y por los propios afectados, que se defienden compungidamente ¿Podemos hablar en estos términos con cierta propiedad? Si nos acogemos a la definición ofrecida por la Real Academia de la Lengua, la definición de casta es la siguiente.
(Der. del gót. kastan; cf. ingl. cast).
1. f. Ascendencia o linaje
2. f. En la India, grupo social de una unidad étnica mayor que se diferencia por su rango, que impone la endogamia y donde la pertenencia es un derecho de nacimiento.
3. f. En otras sociedades, grupo que forma una clase especial y tiende a permanecer separado de los demás por su raza, religión, etc.
5. f. Zool. En una sociedad animal, conjunto de individuos especializados por su estructura o función.

Ahora tocaría dirimir si realmente es correcto su uso léxico acompañando al conjunto de cualidades que se relacionan con el conjunto globalizado de aquellas personas que se dedican a la gestión de la administración pública. Efectivamente, la primera acepción es un componente importante, pues es difícil triunfar en este mercado de poder sin empuje de familia. En las últimas legislaturas hemos visto ministros y ministras sin formación y sin experiencia, llegando a estos puestos por lazos familiares o de padrinazgo. De esta reflexión casi que se justifica la segunda acepción en más de un caso. El tercer punto se evidencia sobre todo en épocas de crisis. En pocas empresas un ejecutivo acumula tantos cargos y genera tan pocos beneficios como suele ocurrir en política ¿Cómo puede una persona ser, al mismo tiempo, alcalde, senador, secretario de partido y ministro ganando en nómina (dejamos a un lado los casos de corrupción que trataremos en unas semanas) treinta veces lo que un trabajador medio? La quinta acepción se cumple en tanto en cuanto numerosos consejeros, senadores, ministros y hasta algún presidente nacional no han llevado en ningún momento actividad laboral alguna fuera de la propia estructura de su partido. Además, el partido premia esta fidelidad recolocando a sus miembros en puestos de continuidad en las extensas cloacas del poder: los consejeros o ministros que dejan su cargo son ubicados en diputaciones, patronatos, fundaciones, mancomunidades, secretarias técnicas o cualquier otro emplazamiento diseñado para cumplir la labor de cementerio de elefantes.

Podemos concluir por lo tanto que no es desproporcionado hablar de casta política para agrupar al grupo de dirigentes públicos.

26/1/2013
Desafección: el divorcio entre la ciudadanía y la casta política

Desde hace tiempo nos vienen tomando el pelo. La ley D'Hont, el sistema de adjudicación de escaños que marcará que partido gobernará el país, es una falta de respeto hacia los electores y hacia el ciudadano. Basados en unos presupuestos decimonónicos para dar presencia a los diputados de las provincias con menos censo electoral, pierde totalmente el sentido es un sistema bipartidista donde se vota al partido, no a la persona. Lo que está consiguiendo claramente es que las dos agrupaciones mayoritarias sean intocables, a pesar de lo absurdo de los escrutinios.

Veamos casos concretos. Un partido con siete millones votos, el segundo más votado, consigue 110 diputados, pero la tercera fuerza, con 1.7000.000 votos, la cuarta parte de votos que el anterior, sólo consigue 11. Mientras, una fuerza autonómica con un millón de votos consigue 16. Al mismo tiempo, la cuarta agrupación consigue 5 diputados con 1.140,000 votos, la misma representación que una agrupación regional con 323.000. No deja de ser paradójico que de nuevo otra agrupación regional consiga un diputado con 45.000 votos, pero un partido estatal no consigue ninguno con 215.000 votos.

Sin embargo, siendo conscientes de la injusticia del sistema, ninguno de los dos partidos mayoritarios, sabedores de su sempiterna alternancia en el poder, apuestan por un sistema de adjudicación proporcional directo. Evidentemente ello les condicionaría y podría en peligro su hegemonía. Curiosamente esta es una de las pocas cosas en las que siempre han estado de acuerdo gobierno y oposición: la ley D'Hont sigue. Así, terceras agrupaciones no tendrán opción de alcanzar el pastel.

Pues sin olvidar el asunto del blindaje de privilegios, no es menos cierto que día tras día aparecen nuevos casos de corrupción. No se escapa ninguna institución ni ningún partido. Ante el poder de persuasión del dinero no se resisten ningún presidente, alcalde, consejero, diputado... estamos viendo como día se destapan casos y más casos de partidos de derecha, de izquierda, mayoritarios, minoritarios, independentistas, centralistas... Tampoco escapan instituciones paralelas, como fundaciones ideológicas, nobleza y allegados. Ni el propio entorno del rey escapa a la corrupción. Y ante tales desmanes, los cabecillas de las tramas corruptas pasean impunemente sus onerosos beneficios como si nada hubiera pasado.

A pesar de todo, el ciudadano medio ve como sus problemas cotidianos no se solucionan con legislaciones que nunca les favorecen. En los últimos años han aparecido colectivos y movilizaciones levantando la voz contra las injusticias. Pero como hemos visto, el sistema no permite alternativas. Los gobernantes no escuchan y la reacción social no puede pasar a la acción política porque el acceso por vía electoral está blindado.

Sin duda, corremos riesgos en la convivencia democrática. Los ciudadanos no confían en el sistema, no se siente representados por partidos en los que prima más la disciplina de voto que el interés general del país. Ello lleva a que en las elecciones generales de 2008 se abstuviera el 27% de la población, pero en 2011 la cifra aumento hasta el 29%. Es decir, que de cada tres españoles, uno no vota, Y las cifras son aún más preocupantes en comicios menos populares. En el referéndum sobre la Constitución europea de 2005, sólo voto el 40% del censo, pero tanto gobierno como oposición celebraron la mayoría del sí, sin preocuparse en qué está pasando para que los ciudadanos cada vez acudan menos a las urnas.

30/1/2013
La red como generadora de empleo

En el último decenio han aparecido gran cantidad de trabajos relacionados con la red. Trabajos impensables hace quince o veinte años. Además de estos trabajos directamente relacionados con Internet, la red se convierte en el escaparate en el que profesionales pre-digitales pueden encontrar un nicho laboral interesante. A parte de los típicos portales de búsqueda de empleo y de las páginas de recursos humanos de mil y una empresas, podemos encontrar recursos con los que buscar llegar a potenciales contratadores.

Pero siempre es importante el impacto, el ser el primero en ofrecer algo diferente y saber llegar más lejos y causando un gran primera impresión (Ya se sabe que para la primera impresión nunca hay una segunda oportunidad). Recientemente el joven francés Philippe Dubost, ingeniero parisino, decidió ofrecer su fuerza de trabajo en la red a través del portal de ventas Amazon. En su anunció se calificaba como el último del stock al tiempo que animaba a que lo introdujeran en el carrito de la compra por 999.000 dólares. Y parece ser que la idea le ha funcionado, habiendo recibido un buen número de ofertas a cual más interesante. Por demás, si no aparecen ideas originales como la de Debost, siempre nos queda probar con un currículo fuera de lo convencional.

3/2/2013
Españoles por el mundo: vente pa'alemania pepe.

A lo largo de la historia España ha sido, por su posición geográfica, país receptor al mismo tiempo que emisor de migrantes. Por diversas razones ha habido momentos en los que se ha propiciado la recepción de extranjeros, pero en otras ocasiones se ha hecho necesario salir del territorio nacional en busca de trabajo, de aventura o, en último extremo, por necesidad de salvar la vida ante represiones ideológicas o religiosas.

En los últimos años la fuerte crisis económica que azota al sistema capitalista, cebada sobre todo en los países mediterráneos, ha provocado que la balanza migratoria se inclinara negativamente hacia nuestras fronteras. El caudal migratorio está compuesto mayoritariamente por gente joven con formación universitaria. El aparato mediático-propagandístico, encarnado sutilmente en emisiones televisivas que muestran las bondades de la diáspora española, ha venido mostrando un espejo que, sin dejar de ser verdad, lo es solo en parte. No todos los españoles que abandonan el país son recibidos con los brazos abiertos, ni viven en mansiones paradisiacas, ni ganan en un mes lo que aquí ganarían en un año. Es la imagen de éxito proyectada por una minoría que incita a "hacer las américas".

El Gobierno asegura que los jóvenes españoles emigran "por impulso aventurero". Sin embargo, no nos engañemos, es la necesidad la que provoca esta estampida. No todo el mundo puede encontrar trabajo en una Europa globalizada. O se ofrece una formación específica y competitiva o el emigrante, muchas veces con una carencia absoluta en la faceta idiomática, se debe conformar con ser mano de obra barata y en no pocos casos acaba en la calle, viviendo la caridad ajena.

Cuando la emigración es sostenible, es un ciclo social beneficioso para el país receptor y para el emisor. Sin embargo, cuando el fenómeno se polariza, se convierte en un problema para todos. Un problema que no ha hecho más que empezar.

6/2/2013
Olvidada la pena, llega la gloria

Hace un tiempo, en este mismo escenario, hablábamos sobre el caso de la concejala de los Yébenes. En el post el olvido de Olvido analizábamos, fuera de las polémicos iniciadas por colectivos de diferente catadura moral, la problemática de la falta de alfabetización tecnológica y de las dimensiones de difusión que cualquier documento podría adquirir al pasar al dominio público a través de los diferentes   medios de comunicación telemáticos.

Pero cinco meses después nos damos cuenta de que ese efecto viral que la red facilita a cualquier internauta puede ser muy rentable. La concejala ha fichado por la popular cadena de telebasura Tele5 para la emisión Famosos en peligro, donde compartirá pantalla con personajes como Kiko Matamoros, Ana Obregón o Israel Sancho.

Esta situación nos invita a reflexionar sobre el asunto del famoseo en este país. ¿Qué es necesario para conseguir la popularidad? Asistimos ante una estampida de jóvenes, muchos de ellos bien preparados académica y profesionalmente, hacia el extranjero en búsqueda de empleo. Mientras, dentro de nuestras fronteras, seguimos alimentando la cultura de la polémica y el braguetazo. Pero visto como está el patio en las instituciones políticas, no sabemos que será peor, si seguir en el ámbito de la gestión pública o probar suerte en telecirco.

11/2/2013
Personas, personajes y personajillos. Mass Media y distorsión
de la personalidad

Los medios de comunicación de masas tienen por objetivo último, como su definición nos aclara apriorísticamente, llegar al máximo número de consumidores y captar la atención de las masas. Sin embargo, el concepto de masa que los magnates de la comunicación tienen forjado es aún más bajo que el desarrollado por Ortega y Gasset cuando las oponían frente a las élites dirigentes.

Así, los medios habituados a conseguir la máxima cuota de pantalla sin reparar en las consecuencias, generan toda una serie de personajes y personajillos que venden su dignidad, incluso su alma si la tuvieran, a cambio de cinco minutos de pantallas que les permita intentar acceder a una fama más o menos efímera. Con estos personajes fugaces nos atrevemos a establecer tres categorías:

- Bufón: Se le da cuartelillo y horas de pantalla. Es un individuo gris que sirve de mofa general, una válvula de escape. Además de su sueldo, más o menos jugoso, aguanta estoicamente por su momento de gloria. Vendría a ser el tonto del pueblo en versión televisiva. Suelen ser hijos de.. amantes de... novios del amante de...

- Morboso: Se recupera una persona que ha generado una situación de cierto escándalo. Aquí podría encajar el personajillo del post anterior, que tras un desencadenante que se viraliza en la red, capta la atención de los responsables de programación de las cadenas televisivas. También incluimos los personajes que se han hecho populares por hechos menos "graciosos", como ocurrió en su día con las entrevistas a Julián Muñoz o a la madre del cuco.
- Sofisticado: A veces, sin saber el motivo concreto, una cadena ensalza a un personaje sin saber por qué, como el programa en las que adinerados nacionales enseñaban sus mansiones. Aunque suelen ser presentados como ejemplos a seguir, los esfuerzos de la cadena no siempre cumplen sus expectativas, como ha pasado recientemente con Abel Pizarro, presidente de la aerolínea Hellit, presentado por Cuatro como rico y talentoso, cuando su empresa comenzaba a incumplir servicios y contratos.

Sea como fuere, el medio supera al mensaje y salir en televisión viste de etiqueta.

15/2/2013
Brokers en zapatillas

En los últimos tiempos los medios de comunicación han ido desvelando los turbios negocios del sector financiero. Además de indignación por el desaguisado que han creado tras años de especulación y usura desmedida se han mostrado las compensaciones de sus ejecutivos, con unas cifras casi pornográficas

Exaltados por la imagen de éxito proyectada por los magnates de la banca, miles de ciudadanos y pequeños - a veces no tan pequeños- ahorradores se liaron la manta a la cabeza y comenzaron a tomar el parqué, poniendo en juego sus capitales en el oscuro mercado de valores. Algunos ganaron mucho, pero como el dinero no desaparece, sino que cambia de manos, otros sufrieron importantes pérdidas. Dando otra vuelta de rosca a la tuerca a la actividad especulativa, pensando en que si Botín y compañía se forraban sin esfuerzo ellos también podrían hacerlo, aparecen los inversores de bajo riesgo. Un grupo de crédulos usuarios que "creyeron" que una inversión en variopintos sectores podría generarles importantes beneficios a corto plazo sin arriesgar. Y así se han ido destapando en los últimos años fraudes económicos y sistemas piramidales en los que se prometía a los incautos que, a cambio de comprar sellos de correo o invertir en flanes y natillas, recibirían anualmente un montante de entre un 10 y un 20% del dinero puesto en juego, siempre sin arriesgar el capital invertido. Vamos, que en cinco o seis años se habría ingresado en intereses la misma cantidad que se invirtió, manteniendo la inversión inicial intacta y generando más y más dinero.

Evidentemente, no hay que ser un lumbreras de las finanzas como el señor Bárcenas para darse cuenta a priori de que algo fallaba es esta hipótesis de partida: como el dinero no crece en los árboles, nadie podría dar esos intereses en tan poco tiempo gestionando en capital invertido en procesos honrados. Pero a pesar de que previamente se destaparon estafas como la de Afinsa o la de la "empresa familiar" de su santidad Ruiz Mateos, miles de inversores metieron sus ahorros en productos altamente especulativos ofrecidos por Bankia. Tras el derrumbe del castillo de naipes, estos inversores de batín y zapatilla fueron rápidamente a reclamar indemnizaciones por sus pérdidas. Queda en el aire comprobar si en caso de haber obtenido esos fabulosos beneficios los hubiesen compartido con el resto de la ciudadanía, de igual manera que acudieron a las arcas públicas a recuperar los capitales vertiginosamente arriesgados en las preferentes.

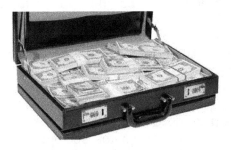

20/2/2013
¿Vivimos en una sociedad corrupta?

La corrupción en estos días es unos de los temas preferidos de la prensa y de los corrillos ciudadanos. Pero ¿es exclusiva la corrupción de las altas esferas? Efectivamente, cuando se trata de gestores públicos con un cargo de cierta responsabilidad, los resultados son llamativos por la complejidad de las tramas tan profusas y por las elevadas cantidades que entran en juego

Sin embargo, la picaresca mediterránea sigue funcionando, y la corruptela a pie de calle está tan viva como pueda estarlo en el congreso de los diputados. Recientemente se ha hecho pública la existencia de una trama de falsificación de pensiones. También en las últimas semanas se destapó otra trama que falsificaba documentos de residencia para conseguir descuentos al volar como residentes en territorios periféricos. A escala doméstica tampoco no escapamos y vemos como a diario hay denuncias para intentar estafar a las empresas aseguradoras. De igual manera, para conseguir el colegio "deseado", muchos padres no dudan en falsear o mentir en sus datos de empadronamiento, generándose auténticas batallas por estas luchas de interés. Y si regresamos a la tan manida burbuja inmobiliaria, no sólo fueron constructores y banqueros los responsables del problema. Miles de usuarios compraban casas sobre plano para venderlas meses después, antes de firmar la hipoteca, sacando una jugosa prima en dinero negro. Alguno de ellos incluso vio como le reventaba en la cara el globo de la avaricia, cuando al cerrar la banca el grifo de las hipotecas no pudieron vender su "inversión", iniciando así un camino de pena y calvario.

Por otra parte, cabe señalar la adoración al corrupto. Recientemente ha sido juzgado el que sido durante más de 30 años presidente de una diputación gallega. Acudió a los tribunales por irregularidades en la contratación de 104 personas. A las puertas de los juzgados, el clamor popular se dividía: los beneficiados por la práctica ilegal lo aclamaban como "presidente" mientras que otro grupo indignado se refería a él como delincuente. Hace más tiempo, cuando el banquero Mario Conde ingresó en prisión, tenía su grupo de incondicionales que acudía al centro penitenciario con pancartas de apoyo para su "líder". ¿No será que la corrupción es un rasgo identitario más presente en unos grupos culturales que en otros? ¿Somos los mediterráneos más dados a la corrupción que los pueblos nórdicos? ¿Está la corrupción presente en nuestro código genético?

25/2/2013
Mobile World Congress Barcelona 2013

Del 25 al 28 de Febrero se celebrará en Barcelona el Congreso Mundial de Móviles, donde fabricantes y usuarios se dan cita para conocer las últimas novedades. En su primer día, más de 70.000 personas han pasado por sus instalaciones, superando todas las previsiones. Un lugar idóneo para que los potenciales compradores puedan encontrar las últimas novedades y para que los fabricantes puedan mostrar su bazas. No pueden faltar a la cita, además de los apasionados por estar a la última, los empresarios del sector. Estos, no dejan de utilizar los micrófonos para lanzar sus ideas, unas veces afortunadas y otras no tanto.

Es lo que le ha pasado a César Alierta, presidente de Telefónica, quien llama a romper los "nuevos monopolios" de Google y Apple. Absurda idea viniendo del máximo directivo del monopolio de comunicaciones de nuestro país. Y no viene de más recordar de paso que los precios que nos ofrece la empresa del señor Alierta son el doble o el triple que los que pagan nuestros vecinos europeos por un servicio mejor que el nuestro. Además, afirma que su compañía apoya un modelo de internet basado en la "transparencia y la no discriminación" (Todo ello después de haber fichado hace unas semanas a Rodrigo Rato), y anuncia que lanzará dispositivos con Firefox OS en 2013. Curiosa idea la suya de lanzar aparatos con software libre, él que afirmó que las empresas generadoras de contenidos deberían pagar a los proveedores de servicios (Vamos, que Google pagará a Telefónica). Evidentemente en aquella ocasión el tiro le salió por la culata, ya veremos cómo le van las cosas en sus nuevas aventuras.

Divertido cuando menos. Retomaremos la crónica el próximo viernes, recogiendo algunas de las novedades o anécdotas de esta feria de muestras.
http://www.mobileworldcongress.com/

1/3/2013
Termina el Mobile World Congress Barcelona 2013.

Terminó la Fira, con 72.000 visitantes de 200 países y 1.700 empresas exponiendo. Este volumen de visitas ha dejado, según previsiones, unos 320 millones de euros en la economía local. Unos datos nada desdeñables a pesar de que la prensa nacional, excepto la Vanguardia, casi no se haya hecho eco de la noticia. Entre tantas empresas y tantas novedades, apuntamos algunas:

-Tecnología NFC, que nos permite volar pagando directamente desde el móvil y sin necesidad de tarjeta de embarque para subir al avión.
- Telefónica defiende el uso del 4K como tecnología sustitutiva del 3D a la hora de distribuir contenidos por su red de fibra óptica. Se consigue más calidad y mejores resultados sin necesidad de gafas. Sony se presentado un televisor de 84" compatible con esta tecnología, con un precio algo prohibitivo: 25.000 euros.
- Yoigo tiene previsto desplegar su red de 4G antes de verano.
- Sony, LG o Nokia anuncian que su objetivos es sacar al mercado móviles más grandes y más baratos. - Además, Nokia afirma estar dispuesta a luchar por la hegemonía perdida.
- La UE destinará más de 50 millones de euros para desarrollar la 5G
- Mozilla y Telefónica han desarrollado el Firefox OS, un sistema operativo para smartphones libre y abierto.

Temas que irán ocupando las noticias tecnológicas de los próximos meses y que iremos tratando en este espacio a medida que se vayan comercializando.

Barcelona | 25 - 28 February 2013

7/3/2013
Así domesticamos el mundo: el fuego

Así domesticamos el mundo es una sección, dentro del programa "Cosas que pasan" de Canal Extremadura Radio, que cada miércoles dedica un rato de emisión a la antropología. Los días 17 de enero, 14 de febrero y 7 de marzo han sido dedicados al fuego. Iniciando la etiqueta ANTROPOLOGIA, vamos a resumir los contenidos tratados en estos tres programas (que pueden ser escuchados al final de este post).

ORÍGENES:
El fuego surge en lugares tremendamente alejados dentro del continente africano casi al mismo tiempo, hace 1,5 millones de años. Más que casualidad, podemos anotar que estos homínidos habrían alcanzado un desarrollo cognitivo similar, a pesar de no haber interacción entre ellos. Sin embargo, el dominio del fuego no debió ser algo instantáneo, sino consecuencia de un proceso lento de encuentros y desencuentros   En España, los primeros restos han sido hallados en Torralba (Soria) con una antigüedad de entre 500.000 y 300.000 años

CAMBIOS:
¿Cómo nos condicionó este descubrimiento? Sin duda, el control y manejo del fuego supuso una serie de mejoras

cualitativas en la vida cotidiana de los homínidos, al mismo tiempo que aceleró el proceso evolutivo que llevó a nuestra especie a ser como somos hoy día. Destacamos tres aspectos principales

- Iluminación - Calefacción: con lo que se inicia un proceso socializador. El fuego da calor y luz, fomentando largos momentos del grupo a su alrededor.
- Supremacía sobre grupos rivales: permite un mejor ataque y una defensa más eficaz. Esta hegemonía se demuestra tanto sobre sus iguales, los otros homínidos, como sobre los animales, al permitir defenderse de sus depredadores y atemorizar a sus presas.
- Alimentación: aparecen los primeros instintos culinarios en nuestros antepasados cuando descubren la sustancial mejora de los alimentos una vez cocinados. Destacamos las siguientes ventajas
    - Más higiene: al cocinar se eliminan microorganismos y bacterias.
    - Mejor sabor: la carne asada está más sabrosa que la cruda.
- Mejores digestiones: la digestión de la carne asada es más fácil y rápida. La barriga se reduce a consecuencia de ello. Al tener menos barriga, son cazadores más eficaces que obtendrán más presas, con la que la alimentación del grupo mejora.
- Mejor capacidad cerebral: el consumo de carne cocinada mejora la capacidad cerebral.
- Más variedad y nuevos productos: con el fuego se pueden cocinar productos que antes no podían ser consumidos, como los tubérculos.

SIMBOLÍSMO

El fuego ha condicionado el plano simbólico de las comunidades que lo conocían. Las diversas cosmogonías han intentado explicar este fenómeno que tanto respetaban y que tanto le daba. En general, el fuego se ha considerado una extensión del sol en la Tierra. Los egipcios tenían al dios Ra, divinidad de la luz, el sol y la vida. Los griegos los consideraban uno de los cuatro pilares de la existencia, representados en los cuatro elementos: aire, tierra, fuego y aire. Dos dioses se repartían su poder. Helios en el cielo y Hefestos en el subsuelo. Helios conducía su carro de fuego por el cielo, dando lugar a los días y las noches. Un día su hijo, Faetón, cogió el carro de su padre pero no tuvo pulso para guiarlo y se acercó demasiado a la Tierra, quemando a su paso las regiones donde más se aproximó, dando lugar a los desiertos. Por otro lado, Hefestos vivía en el submundo. Heras, su madre, lo arrojó allí debido a su fealdad al nacer. Más tarde, será Apolo el que encarne la divinidad de la luz, y en su templo siempre se mantenía una llama encendida. La mitología romana absorbe estas creencias con un entramado paralelo, donde Helios es el Sol Invicto, Hefestos se convierte en Vulcano y el templo de Apolo inspira el fuego eterno del Templo de Vesta.

Estas mitologías precristianas, así como la influencia de los celtas y otros pueblos del norte y centro de Europa han dejado su calado en varias fiestas tradicionales que se conservan en la actualidad, como las celebraciones de San Juan, solsticio de verano, alrededor del fuego.

INDUSTRIA

Hay que destacar que el desarrollo de la técnica suele ser exponencial. Durante la mayor parte de su existencia se mantiene en unos niveles muy básicos y en los últimos años del periodo de uso cuando su utilización se incrementa de manera excepcional. Así, si durante 1,5 millones de años el uso del fuego se limitó iluminar, calentar, cocinar, cazar y protegerse, en los últimos 10.000 años su uso ha aumentado de manera espectacular. Con el fuego se inicia la edad del bronce. Los pueblos que dominan esta técnica tienen mejores utensilios, lo que los convierte en mercaderes más prósperos, pero también desarrollan mejor armamento. En muy poco tiempo se consigue mayor poder calorífico y en vez de cobre se trabaja hierro, un mineral mucho más duro que el bronce, con lo que entramos en una dinámica de progreso basada en el dominio del fuego.

Al igual que ocurre con los metales, ocurre con los transportes. Si durante miles de años la energía eólica o los remos habían sido la fuerza motriz de las embarcaciones, el fuego y la máquina de vapor consiguen medios de transporte más eficaces, potentes y veloces que ya no dependen del aire, iniciando el proceso globalizador que convierte el planeta en un espacio más pequeño. En la actualidad vivimos una reinvención del fuego encarnada en la energía eléctrica.

17/3/2013
Los principios para triunfar en política

Cuando nos preguntamos por qué triunfa un deportista, a parte de las características individuales podemos establecer una serie de rasgos comunes: fuerza, resistencia, habilidad, destreza... Algunos son comunes a todos los deportes y otras específicas: un jugador de fútbol no tiene que medir dos metros –véase Mesi- pero esta cualidad sí que sería imprescindible para un baloncestista.

En política hay algunas cualidades o rasgos que facilitan el avance de una agrupación o permiten el ascenso de una promesa. Poco importa la ideología, si es que ésta existe, o los colores. Seguro que podríamos rellenar cada una de ellas con múltiples ejemplos.

Ley del codazo: Consiste en que cuando se llega al poder, se quita a los que puso el anterior partido para colocar afines al nuevo. Esto se aplica sobre todo en los cargos mejor pagados. Podría parecer lógico siempre y cuando el nuevo consejero o asesor fuera alguien que supiera de lo que habla, pero la lógica se derrumba cuando pajínes o montoros llegan a ministros.

Tumasmismo: Cuando un político es aludido por cualquier motivo, la respuesta más socorrida es "y tú más". Con un razonamiento más próximo al de un alumno de Educación Infantil que al que se le presupone a un alto cargo público, es más fácil echar balones fuera que justificar una acción concreta

Promete y olvida: Cuando el psoe dijo que iba a subir el iva, el pp se opuso. Cuando el pp subió el iva, el psoe se opuso. En política, cuando no es el momento de tomar decisiones o le corresponde a otro, se habla mucho. Cuando llega el momento crítico, la cosa cambia.

Cortoplacismo: Como las elecciones son cada cuatro años, las acciones y decisiones se toman en consecuencia a este periodo. Cuando un presidente es malo, cuatro años parecen una eternidad. Pero cuando se trata de planificaciones a plazo largo, como el sistema educativo, se producen choques entre los grupos en alternancia.

28/3/2013
Cadenas de poder

En los países mediterráneos se respira un sentimiento antieuropeo, a causa de las duras medidas de ahorro impuestas por la mesías Merkell. Nos sentimos menospreciados por lo que consideramos un trato denigrante, ya que los países del norte ven a los del sur de Europa como granjas que producen alimentos, como retiros soleados para sus jubilados que se compran la casita en la costa del sol o como lugar para las fiestas incontroladas de sus etílicos jóvenes.

Sin embargo, no es difícil sorprendernos hablando peyorativamente sobre los inmigrantes -africanos, sudamericanos y de Europa del este en su mayoría- que llegan a nuestras regiones. Que vienen a quitarnos el trabajo, que nos roban, que no se adaptan a nuestras costumbres... En los grupos humanos – también en la naturaleza-encontramos indefectiblemente una jerarquía de poder. Europa –occidente- está en la cumbre, pero dentro de Europa se reproduce ese mismo esquema. Veamos las tres dimensiones de las cadenas de poder:

Natural: En la naturaleza se conjugan dos factores, el tamaño y la alimentación. El herbívoro se come a la hierba, el carnívoro se come a otros animales. Cuando muere, sus cuerpos son descompuestos por insectos y bacterias, y se generan sustancias orgánicas que de nuevo favorecen la aparición de vegetación, iniciando así el sentido circular de la cadena trófica.

Social: El sentido circular de la cadena de poder en la naturaleza se vuelve vertical entre los humanos. La erótica del poder nos hace luchar por la sensación de estar por encima de los demás. Las jerarquías sociales son complejas y a veces no evidentes. Factores tales como el dinero, el puesto de trabajo o la herencia social condicionan esta dimensión. El empresario se cree por encima del trabajador, el "noble" por encima del "plebeyo", el médico por encima del enfermero...
Social supranacional: Ese misma distribución que se da entre clases sociales se da entre países. EE.UU. o Alemania manipulan sus zonas de influencia como si de un juego de ajedrez se tratará. Pero a su vez, estos dominados de primer orden gustan de controlar a terceros, y así sucesivamente.

Volviendo a la premisa de inicio ¿Es lícita la queja de los países mediterráneos por la opresión germana cuando ellos ejercen el mismo efecto sobre otros? ¿Podemos quejarnos del trato recibido cuando en España ofrecemos a inmigrantes trabajos mal pagados y en condiciones que un nacional no aceptaría? Con el control alemán de Europa ¿estamos reviviendo el sueño de la raza aria?

4/4/2013
Religión Católica, una asignatura apasionante

La iglesia católica sigue su incursión en los medios sociales y en el circo mediático, a pesar de que "su santidad" Rouco Varela, opina que las redes sociales son cosa del diablo y considera su uso casi un pecado capital (iglesia y vida digital, 4 marzo de 2011). A través de su usuario en YouTube EpiscopalConferencia, la curia católica lanza un vídeo para tratar de captar clientes para su irregular tentáculo en el sistema educativo español

En el vídeo, Lucas, un "profesor" de religión se presenta y presenta su asignatura en el primer día de clase con un emotivo discurso "¿De verdad queréis tener las claves para evitar crisis como la que estamos viviendo? Será aquí donde aprenderéis cuál es la mejor inversión que podéis realizar y de la cual dependen todas las demás, porque lo que determina el futuro de un país no son las personas, sino dónde ponen el corazón esas personas [...] Yo os prometo una asignatura apasionante".

Los nombres no están exentos de simbolismo Lucas, Bosco y María. Pero el plano simbólico se les va de la mano cuando citan a Newton, o cuando hace la metáfora entre seguir aferrados a una rama o saltar a descubrir el mundo. También cuando cita a Leonardo Da Vinci y se refiere a los artistas renacentistas...Newton ha estado en la lista de herejes hasta 2012 El salto desde la rema, en referencia a la evolución humana, aún no es aceptado Y para concluir ¿Qué postura defenderá Lucas cuando un alumno le pida que se pronuncia respecto al Big Bang o a la creación en siete días?

8/4/2013
Adiós Messenger, ¿Qué hay de nuevo, Skype?

Los medios sociales cambian rápidamente. De repente están en el número uno, y en un suspiro desaparecen. A veces se trata de mala gestión, otras veces es a causa de que no despiertan interés para el usuario. Sin embargo, el caso de Messenger ha sido diferente. Evolución directa de las salas de chat, pero con una lista de contactos selectiva extraída de la agenda de contactos del usuario, la herramienta no mostró excesivos achaques de salud, aunque tal vez sí un envejecimiento natural (1999-2013, 14 años en la sociedad red es una eternidad). Microsoft decidió hace un par de años comprar Skype, y ha mantenido los dos servicios hasta hoy, fecha en que Messenger desaparece definitivamente.

Quizá Microsoft deseaba ofrecer algo más. El servicio que proporcionaba Messenger ya lo ofertaba Facebook en un entorno más completo. Y la simple mensajería ha sido desbordada en los dispositivos móviles por aplicaciones como Whatsapp o Line.

En definitiva, adiós a Messenger y, en caso querer seguir de la mano de Microsoft, saludar al renovado Skype. Habrá que ver cómo responden lo usuarios ante este cambio, tal vez demasiado arriesgado. Las alternativas son múltiples y la predominancia de la que gozaba el antiguo servicio de mensajería en sus buenos tiempos se ve mermada ante la diversificación de servicios: de diez millones de usuarios en España en la época dorada, Skype se conforma con la mitad a día de hoy.

1/5/2013
El mito de la privatización

Desde hace un tiempo se viene haciendo proselitismo en espacios políticos en favor de la privatización, postura que viene a demonizar la función pública en favor de la gestión privada. Alentados por sus líderes, no son pocos los que han aceptado a pies juntillas esta postura. Sin embargo, comenzaremos montando un contrargumento contra esta hipótesis: si la gestión pública no es eficiente y hay que privatizarla ¿es culpa de los trabajadores o de los gestores que no capaces de sacar provecho a sus recursos? ¿No es paradójico que sea la propia administración la que echa tierra encima de sus trabajadores para beneficiar a empresarios que se ocupan de los servicios privatizados? ¿Habría que reducir trabajadores de base o puestos de control, normalmente ocupados por personal de confianza y por hombres o mujeres?

Por otra parte, cabe destacar la privatización de grandes servicios públicos, creados con fuertes inversiones a cargo de las arcas del estado y que fueron puestos en manos privadas cuando estaban en pleno rendimiento. Si tuviéramos que elegir una compañía, los primeros nombres que nos vendrían a la cabeza podrían ser Telefónica o Iberia. Inicialmente empresas públicas y rentables, que fueron "vendidas" al mejor postor. Sin embargo, cuando una empresa privada que anteriormente fue pública va mal, el gobierno puede acudir en su ayuda con dinero público, como ha pasado recientemente con Bankia ¿Repartía Bankia sus beneficios con el gobiernos o con sus accionistas? Pues entonces ¿por qué en este caso no asumían pérdidas los mismos que se beneficiaban de las ganancias?

Además de la privatización de empresas podemos hablar de privatización de servicios. El objetivo principal es el ahorro por parte de la administración correspondiente en la ejecución de un servicio respecto a cuando era la propia administración la que lo llevaba a cabo. Aquí nos podemos plantear dos ejes de reflexión: el primero es que si una empresa privada lo puede hacer mejor y más barato, es que los recursos públicos estaban más gestionados, con lo que los responsables no eran los trabajadores de base, sino los directivos, normalmente cargos políticos ¿Por qué no se buscan personas capacitadas para los puestos de gestión en lugar de tener que externalizar el servicio. El segundo punto de reflexión es el plano económico que en última instancia afecta al trabajador. Si un empleado de la empresa concesionaria hace el mismo trabajo que hacía el empleado público y lo hace por menos dinero (menos dinero porque el presupuesto es menor, y porque de ese presupuesto servirá para pagar trabajadores, pero la empresa se queda una parte como beneficio empresarial), ¿no existirá discriminación, auspiciada por la administración, sobre el empleado de la empresa concesionaria respecto de la pública?

Para terminar, podríamos plantear una última hipótesis. Si la administración pública no es capaz de realizar un servicio, y tiene que subcontratarlo a una empresa privada ¿no sería el momento de eliminar los cargos políticos que supuestamente deberían haber velado por la correcta ejecución de ese servicio?

10/5/2013
Olvido y memoria digital

Al reescribir la historia, siempre surgen dudas e interpretaciones. Hay datos que se obvian, documentos que se trasconejan y las conversaciones no quedan registradas fehacientemente. Las palabras se las lleva el viento en el día a día y, a fortiori, con el paso del tiempo. Sin embargo los registros digitales quedan expuestos al dominio público por siempre – si es que se puede hablar de eternidad en una tecnología que lleva menos de dos décadas en nuestros hogares-.

El rastro de nuestras acciones en la red queda grabado y está disponible para quien sepa localizarlo. Nuestro currículo, nuestros hobbies, las fotos de nuestras vacaciones, nuestras opiniones en un blog... Todo está accesible para quien sepa buscarlo. En Facebook no basta con eliminar la cuenta para que desaparezcan nuestras aportaciones, habría que ir haciéndolo manualmente. Tarea harto difícil para un usuario, incluso poco activo, que haya hecho una aportación cada dos o tres días a lo largo de un año o dos.

A nuestras aportaciones habría que sumar las interacciones en las que somos citados por terceras personas. Pero también hay tener en cuenta aquellas que nos preceden y contra las que no podemos luchar: las multas que aparecen en los boletines oficiales, las cámaras IP que hay en zonas públicas... Por ello, incluso sin tener cuentas en redes sociales, parte de nuestra está expuesta en la red. Poco se puede hacer contra ello, excepto aceptarlo y comprender que estamos en una sociedad que depende de la tecnología digital y que explota sus posibilidades.

18/5/2013
Facebook o el vértigo bursátil

Hace hoy un año Facebook se estrenaba en bolsa comenzando a cotizar en el Nasdaq y lo comentábamos en el post titulado Burbujas y pinchazos tecnológicos. Allí afirmábamos que "por otra parte vemos como la web 2.0, con todo lo intangible del concepto y del negocio, se sobredimensiona y comienza a inflar otra burbuja que hoy traerá risas, pero mañana traerá lágrimas".

Este primer aniversario de salida a bolsa de la popular red social tal vez sea un buen momento para reflexionar al respecto de esa burbuja que anticipábamos hace hoy un año. La pregunta de partida sería ¿cuál es el valor adecuado de la compañía? Cada acción de la misma se pagó se pagó en el momento de salida a 38 dólares. Minutos después, algunos inversores llegaron a pagar 45 dólares. Tres meses más tarde cayó a 17 dólares, el mínimo en este primer año. En la actualidad se mantiene en torno a los 25 dólares.

Las inversiones en bolsa son pura especulación y un indudable tráfico de influencias. Empresas más tangibles, como Bankia en España, son capaces de llegar al borde de la ruina, recuperarse tras un cataclismo político y un inmoral rescate de la UE para multiplicar su valor bursátil por siete pocos meses después. Pero ¿qué ofrece Facebook? ¿Cómo se calcula su valor? ¿Realmente se mantiene de publicidad o los usuarios venden su privacidad a cambio de un acceso gratuito a la red social?

26/5/2013
Microsoft y Nokia ¿crónica del quiero y no puedo?

La desarrolladora de software Microsoft y los fabricantes de teléfonos Nokia son dos empresas punteras que gozan de gran reputación. Sin embargo, en los últimos tiempos han ido perdiendo cuotas de mercado y han visto mermada su hegemonía. Windows, aunque siga siendo el más extendido y su salud no corra peligro, ya no es el sistema operativo único, y el software libre cada vez entra en más hogares. Además, con la aparición de nuevos terminales como son las tablets o los smartphones, se han impuesto Android, un sistema no propietario que ha permitido que estos dispositivos reduzcan sus precios y lleguen a más público.

Por parte de Nokia, la pérdida de cuota de mercado se ha hecho más patente. La proliferación de constructores con modelos más económicos y versátiles han relegado a la compañía finlandesa en el ranking. Samsung, LG o Sony ofrecen móviles en el mismo segmento que Nokia. Además han aparecido otras empresas low-cost que ofrecen terminales más económicos. Todos ellos con un rasgo común: un sistema operativo común, Android. En el apartado exclusividad, Apple reina en solitario con su Iphone. Nokia se obsesionó en hacer la guerra por su cuenta y se chocó con un muro insalvable al intentar a toda costa que prevaleciera el sistema symbian. Inicialmente fue una alianza entre varias compañías para luchar contra Windows Mobile o Palm. Sin embargo, poco a poco los socios fueron descolgándose del proyecto para abrazar Android, pero los finlandeses intentaron mantenerlo.

Ahora, de nuevo diferenciándose de la tendencia mayoritaria, ofrece dispositivos con Windows Phone, la adaptación de Windows 8 para dispositivos móviles. Aunque el sistema de Microsoft sea más pesado, menos versátil y con menos aplicaciones que Android, el mayor riesgo lo corre Nokia, pues el principal mercado de Microsoft son los portátiles y sobremesa, pudiendo sobrevivir sin la hegemonía en los dispositivos móviles. Las preguntas a plantearse serían si ¿ha perdido Microsoft la batalla con Android? ¿Ha quedado Nokia fuera de juego debido a sus errores logísticos? ¿Es esta colaboración entre Nokia y Microsoft un último intento de dos gigantes por aferrarse a un mercado en el que ya no ocupan las posiciones de privilegio que ocupaban hace unos años?

28/5/2013
Guerra Santa o Alianza de Civilizaciones

La semana pasada un soldado murió en Londres y otro fue atacado en el barrio financiero de Paris, la Defense. En ambos ataques había una conexión, los agresores eran subsaharianos. El 7 de mayo, un policía francés también fue apuñalado al grito de "Alá, Alá". A pesar de estar en pleno siglo XXI y haber llegado a la luna, en otros aspectos nos seguimos manteniendo en el medievo. Occidente y Oriente siguen conservando una serie de diferencias fundamentales que llevan a un enfrentamiento conceptual más o menos violento, que desemboca en conflictos armados con relativa frecuencia. Pero no podemos conformarnos con la visión simplista de que el otro es el malo y nosotros los buenos. Cuando Barack Obama juró su cargo, lo hizo sobre una biblia, en vez de hacerlo sobre la constitución de su país ¿Dónde está el límite entre el fanatismo y la fe? ¿Estamos ante una guerra de religiones-civilizaciones? ¿Conseguiremos, en un mundo globalizado, alcanzar una convivencia pacífica entre iguales?

30/5/2013
Así domesticamos el mundo: la sedentarización

(Cuarta colaboración para la sección Así domesticamos el mundo, dentro del programa "Cosas que pasan" de Canal Extremadura Radio)

El ser humano ha sido nómada por naturaleza. Desde sus inciertos orígenes, aquellos tiempos de tránsito entre homínidos y primates, hasta hace aproximadamente 10.000 años, las poblaciones se desplazaban en busca de alimentos. Sin embargo, en torno a 9.000-10.000 años a.C el hombre comienza a limitar sus desplazamientos ¿a causa de qué?

Homo sapiens, como cualquier otro animal, responde a una serie de estímulos básicos que, a la postre, van a ser la garantía de la perpetuidad de la especie: comida/bebida, querid@ y guarida. Para abastecerse de ellas nuestros ancestros, seres sin una especialización concreta, se fueron desplazando y colonizando todas las latitudes del planeta. Precisamente a causa de esa falta de especialización para una habilidad o un espacio concreto fue lo que nos ha llevado a un desarrollo como el que conocemos hoy en día. Y también esa falta, que a priori podría ser un hándicap, nos llevó a ser seres sociales, en los que la fuerza del grupo es muy superior a la fuerza de cada uno de los elementos por separado. Por ello, nómadas o sedentarios, somos animales sociales. No somos nada sin el grupo, lo somos todo con él.

Tras una larga diáspora de millones de años, en torno al 9.500 a.C. en la zona de oriente próximo algunos grupos humanos comienzan a establecerse en poblados más o menos permanentes, reduciendo paulatinamente su nomadismo. Ello se debe fundamentalmente al descubrimiento de la agricultura y, asociada a ella pero algo posterior, la ganadería. De manera azarosa descubrimos que a través de las semillas de las plantas podíamos tener la producción deseada en un espacio determinado, sin ser necesario desplazarse kilómetros para encontrar los granos y raíces con los que alimentar al grupo. Con la perfección de las técnicas agrícolas se perfeccionan los cultivos, pues se prioriza la producción de las especies más rentables. Además, en vez localizar un producto a una zona y otro en un espacio lejano, ahora los géneros vegetales necesarios estarán disponibles en la misma zona productiva. Como ya no es necesario desplazarse en busca de alimento, en torno a estos espacios de producción comienzan a aparecer los poblados. A medida que avanza el tiempo los refugios son más específicos y complejos. Así, cuando llega una cosecha buena, es necesario guardar el excedente y se crean los graneros. En torno a la gestión de la producción también surgen las castas o clases que lo van custodiar (jefes, iglesias y ejércitos), con lo que aparecen las construcciones civiles. Los excedentes servirán para comerciar, pero también suscitarán envidias en los poblados vecinos, con lo que además se crearán fortificaciones para protegerse y defenderse. Así, casi sin darnos cuenta, pasamos de un pequeño poblado junto a un remanso fluvial a una floreciente ciudad. Cuando en una zona convergen varias ciudades afines, se desarrollan alianzas que dan lugar a las civilizaciones. Este nuevo dimensionamiento hará que se construyan caminos, puentes, acueductos y un sinfín de obras comunes. Las primeras civilizaciones, llamadas civilizaciones prístinas, surgen en torno al agua: Egipto (Nilo), Mesopotamia (Tigris-Éufrates), India (Ganges), China (ríos Hoanho y Yangtse kiang -rio azul y rio amarillo) y Fenicios, todas ellas en Eurasia.

De manera paralela, un poco después en el tiempo, el hombre aprende a domesticar a los animales que le proporcionarán leche, huevos, carnes, pieles, fuerza motriz o simple compañía. Con el dominio de la agricultura y la ganadería arranca la primera ola civilizatoria (en la terminología de Alvin Toffler), que durará hasta las revoluciones del siglo XVIII. Con la primera ola, el ser humano deja de desplazarse continuamente para obtener sus recursos, que ya puede producir y controlar en su entorno próximo. A cambio, paga otro precio, como es la sumisión al poder establecido, el control social y los mecanismos de represión que se construyen en las florecientes ciudades.

Como colofón, indicar que las primeras plantas domesticadas fueron los cereales (cebada y trigo en Europa, arroz en oriente y maíz en América) y las legumbres, por su versatilidad y buena conservación. Los primeros animales domesticados fueron las cabras. Posteriormente perros y gatos, las ovejas, jabalís y, más recientemente, el caballo. Cuando un animal se estabula, genera un sistema de reproducción endogámico que va consiguiendo que su descendencia esté cada vez más lejos de sus antepasados salvajes. En definitiva, de aquí a la oveja Dolly solo hay un suspiro de tiempo.

2/6/2013
Éxitos y fracasos del sistema educativo

En los últimos tiempos se ha venido vendiendo el descalabro del sistema educativo español. No se ha dejado títere con cabeza, y cualquier objetivo se hacía válido en una descarnada lucha política: los planes de estudio, la formación del profesorado, la pérdida de valores, los cuestionables informes PISA... Sin embargo poco se hablaba del éxito generado en nuestras aulas, como si las noticias catastrofistas tuvieran más rédito que las positivistas ¿Dónde está el interés de esta autodestrucción programada?

En las últimas semanas hemos conocido el caso de Nuria Martí Gutiérrez, que era investigadora en el centro de Investigación Príncipe Felipe de Valencia. Con los recortes en I+D su contrato quedaba en el aire, por lo que buscó futuro en EE.UUU. (Paradójicamente en esta comunidad autónoma existe un aeropuerto sin aviones y recientemente que se han gastado 120 millones de euros del erario público para mantener a flote a tres equipos de fútbol). La investigadora española terminó en Oregón, incorporándose al equipo que ha participado en la obtención de células madre embrionarias a partir de células humanas, Un hito en la historia de la ciencia. En otro campo del saber, Diego Martínez Santos es considerado uno de los mejores físicos jóvenes de Europa. Sin embargo, a pesar de ello su currículo fue rechazado para una beca Ramón y Cajal. Al respecto, Juan José Saborido Silvia, coordinador del Grupo de Altas Energías de la Universidad de Santiago, se lamenta de que "una persona con una reputación seria en Europa no se valora en España". Esto no es nuevo, y si miramos atrás nos encontramos con Severo Ochoa, quien a pesar de haber nacido en Luarca al obtener su premio nobel éste contabilizó como estadounidense.

Con un punto menos de factor mediático encontramos la "fuga" de doctores españoles a toda Latinoamérica. Hernán Viguera, Vicerrector de Extensión y Comunicaciones de la Universidad Autónoma de Chile, afirma en el diario Abc que el sistema español «ha dado lugar a profesionales de primer nivel [...] Una de las principales fortalezas del sistema español es la preparación de sus académicos. Los Doctores españoles tienen una visión integral de la educación y están muy bien informados sobre las tendencias mundiales» Sin embargo Viguera tiene claro cuál es uno de los principales errores de nuestro sistema: «Es tan importante generar talentos como retenerlos. España invierte altas sumas en investigación e innovación y sus estudios son reconocidos a nivel mundial, pero debido a la crisis que experimenta no es capaz de retener a estos talentos. Hemos recibido muchas solicitudes de personas que no han podido ni siquiera financiar sus investigaciones».

Vistos estos casos, debemos reconocer que no todo es malo en nuestro sistema educativo, a pesar de la campaña de desprestigio a la que se está viendo sometido. Lo que sí está claro es que si no damos oportunidades a aquellos que han sabido aprovechar los recursos que se le ofrecieron para que su éxito personal se convierta trabajo que revierta en el propio sistema que los formó, estamos desvirtuando la finalidad de todo el proceso curricular de nuestro país.

12/6/2013
¿Es la investigación el camino al desarrollo?

Hace diez días hablábamos sobre los éxitos del sistema educativo español. Observábamos la desidia que existe institucionalmente para mantener a aquellas personas que, lejos de hundirse como afirman los informes de la OCDE, destacaban y han demostrado, fuera y dentro de nuestras fronteras, su más que demostrada valía ¿Por qué ocurre esto? ¿Quién está interesado en desterrar científicos patrios? ¿Con qué objetivo? Paradójicamente, los 10.000millones recortados el año pasado en los presupuestos de sanidad y educación fueron a parar a la iglesia católica. Sin embargo, ya no solo debemos sacar a relucir la vieja diatriba entre ciencia y religión. Los centros de investigación son un coladero para contratar a afines a los partidos gobernantes, quedando en la calle a aquellas personas que deberían ocupar esos puestos. Otras veces, directamente se retiran los fondos destinados a tal efecto, cerrando estos centros.

La prensa, que habitualmente ignoraba este tipo de noticias, vuelve a dar voz a otro investigador que se va. José María Eirín-López es investigador en biología evolutiva y dirige un grupo de investigación en la Universidad de la Coruña. La revista Nature calificó su investigación sobre los antibióticos naturales como una de las diez mejores de 2008. En el 2011 fue elegido como el mejor investigador joven de España en biología evolutiva. Sin embargo, en septiembre abandonará su labor docente e investigadora en España tras aceptar una oferta de profesor titular en la Universidad Internacional de Florida. El propio investigador afirma «Sí, me marcho porque no puedo permitirme el lujo de acabar aquí mi contrato y que luego me digan: lo sentimos, pero no puede ser. Me parece descorazonador que después de tanto tiempo trabajando aquí mi futuro dependa de las circunstancias, de a ver qué pasa. No quiero esperar hasta el último momento para quedarme en la calle, ni voy a esperar a que mi futuro dependa del azar». A

Estados Unidos se irá con un sueldo mucho mayor y una plaza como profesor titular, pero también con dinero para montar su propio laboratorio y contratar el personal que considere necesario. Son condiciones impensables en España. Josefina Méndez Felpeto, directora del grupo de Genética de OrganismosMarinos, se queja de lo que considera una situación insostenible "Esto se desmorona, es dramático, la gente se está yendo a todas partes [...] Es lo peor que he visto en los más de 30 años que llevo en la investigación, es un desastre"

Al respecto, podemos contextualizar aquí las declaraciones de Alfonso Guerra, en un entrevista en televisión en el día de hoy, cuando afirmaba, reflexionando sobre la imposibilidad de acceso a la formación, que es "una estupidez, ya que una sociedad que amputa a la gente con más capacidad intelectual es una sociedad que se estrangula a sí misma ya que no se puede avanzar si no hay formación". Además sentencia que nos dirigimos a una sociedad peor si se prosigue este veto contra la cultura.

16/6/2013
Relaciones tóxicas: ¿El móvil conecta o desconecta?

El móvil es el dispositivo tecnológico cuyo uso más se ha extendido en los últimos años. Ni tablets ni portátiles han conocido un éxito tal. De hecho, los smartphones o teléfonos inteligentes concentran los avances de la informática en un aparato de pequeñas dimensiones, cada vez con más memoria, procesadores más potentes, cámaras más eficaces y acceso ilimitado a Internet. Un ordenador personal ubicuo que cabe en el bolsillo de una camisa.

Nos encontramos ante un dispositivo totalmente popularizado a través de fuertes campañas de marketing y por el halo de modernidad que se desprende de su uso. Sin embargo, a pesar de los innegables beneficios que ofrece, cabe preguntarse acerca de sus inconvenientes. Es innegable que a veces es más atractivo el propio uso en sí que la necesidad de uso. Es decir, que el canal, el medio, se convierte en un elemento más motivador que el mensaje en sí.

¿Puede llegar a generar dependencia esta atracción? ¿Podemos llegar a caer ante la magia de la hiperconectividad? Sin duda, pero no más que las dependencias comunes existentes antes de la llegada del móvil. El ser humano tiene una faceta adictiva que desarrolla ante diversos estímulos: drogas, tragaperras, videojuegos, deporte-espectáculo, un mando a distancia, series de televisión... por lo que una tecnología capaz de proporcionar todo lo que nos facilita un smartphone con conexión a Internet no podía estar exenta de este factor riesgo.

Sin embargo, con los móviles aparece una nueva dimensión de atracción, un factor que acrecenta la capacidad de dependencia. Y está basada precisamente en la ubicuidad del medio: podemos llevarnos la oficina a casa, o la casa a la oficina, solapando dos dimensiones que antes permanecían separadas. Está ubicuidad afecta igualmente a las relaciones sociales, pues pueden llegarse a solapar las relaciones físicas, en primera persona, con las digitales. Es decir, en grupo de amigos, en un encuentro presencial, la comunicación cara a cara puede verse mermada por la comunicación con los no presentes a través de las diferentes vías de contacto digital disponibles, como whatsapp, Facebook o, más tradicional, el correo electrónico. Los medios sociales pueden acercarnos a los que están lejos, pero a veces nos alejan de los que está cerca.

23/6/2013
Así domesticamos el mundo: Comunicaciones 3.0

Retomamos el tema con el que terminamos el último post, y seguiremos reflexionando sobre la posibilidad de que Los medios sociales puedan acercarnos a los que están lejos, pero a veces nos alejen de los que está cerca. Las comunicaciones digitales nos ofertan toda una serie de estrategias para ampliar las vías de comunicación. Sin embargo, sobre todo en poblaciones más jóvenes, a veces se produce un uso "excesivo" de este medio en detrimento de canales más convencionales. Entrecomillamos "excesivo" porque tal vez esta gradación de uso dependa del punto de vista de aplicación. Y es que ha habido, sobre todo desde la psicología, toda una serie de reacciones contrarias al uso frecuente de estos nuevos canales de comunicación, obviando la idea de que tal vez nos encontremos en un cambio generacional sin precedentes. Las formas de comunicación se están transformando con la sociedad, y aún no podemos discernir si son causa o efecto de este proceso.

Sin embargo, lo cierto es que, uso excesivo o cambio evolutivo, esta generalización de las comunicaciones ubicuas está provocando una serie de transformaciones en nuestra manera de actuar y comportarnos. Por una parte hay que destacar la importancia de poder llevar en nuestro bolsillo un potente micro-ordenador constantemente conectado a Internet. Esto nos facilita gran cantidad de tareas cotidianas, tanto en el ámbito profesional como en el personal. No obstante, tal vez estemos asistiendo a un desentrenamiento progresivo de la memoria junto a una degradación paulatina de los procesos intelectuales, Y es que disponer de un mayordomo que nos indica con inmediatez dónde dejamos nuestro coche, qué significa tal palabra, qué día es hoy o cuándo hemos quedado con tal o cual persona puede facilitar la aparición de una cierta pereza y lasitud mental por falta de ejercitación.

También es preciso destacar la superficialidad de la comunicación: los sms inicialmente o Twitter posteriormente han potenciado y desarrollado el mensaje breve frente al elaborado. Esto puede llevar a un destierro del razonamiento profundo frente a un razonamiento superficial, incluso en el mundo académico o intelectual ¿Nos encontramos ante el inicio de la tiranía de la inmediatez y la brevedad? ¿Nos están liberando los dispositivos móviles o están generando una nueva forma de esclavitud? Reflexionaremos sobre estos aspectos en las próximas entregas de este blog.

18/7/2013
Ego twitter absolvo

- Ave María purísima...
- Sin pecado concebida...
  Y nos quedan 100 caracteres para nuestros pecados

Si el anterior papa católico creó una cuenta de Twitter (@Pontifex y @Pontifex_es para los files hispanohablantes), el actual hace lo propio y anuncia que perdonará los pecados por esta vía. Los pecadores tendrán así la oportunidad de redimirse de sus pecados de manera ubicua, sin tener que acudir al confesionario. No sabemos si será tan fácil como coger el smartphone, arrepentirse digitalmente y pelillos a la mar. Y es que los medios sociales están causando estragos hasta en una de las instituciones más conservadoras del planeta, que no ha sabido resistirse a los encantos de las nuevas tecnologías.

Quien no debe estar muy contento monseñor Rouco Varela, que inició por cuenta y riesgo una campaña contra las redes sociales a la que consideraba una invención demoníaca.

22/7/2013
WhatsAppSpy 1.02

Un joven murciano ha sido detenido por llevar a cabo una estafa en red. Sin embargo, podemos afirmar que los estafados merecían su castigo. Facebook o Tuenti se han convertido, en gran medida, en alcahuetas digitales, e, impregnados de esta filosofía, muchos usuarios quieren saberlo todo de sus vecinos y amigos. Y este fue el principio que el joven estafador siguió para desarrollar su plan. Ofrecía una aplicación para espiar las conversaciones de WhatsApps ajenos. La aplicación no existía, pero en solo dos meses permitió al "programador" ganar 40.000 euros con su venta gratuita.

¿Paradójico? El negocio no estaba en la venta, pues la aplicación fantasma se ofrecía a coste cero, sino en la captura de los datos de los estafados. Inicialmente se hacía necesario promocionar el producto. El joven diseño una web con la misma apariencia que una popular red social juvenil, donde los incautos, cotillas o avaros estafados acudían e introducían ingenuamente sus datos (usuario y contraseña) con la espera de conseguir la omnipresencia digital. Así capturó miles de cuentas, desde las que ofrecía "su producto". Y el efecto viral ayudó al joven a que su web se hiciera popular entre los cibernautas españoles.

Hasta aquí sólo hemos visto la "puesta en sociedad" del negocio. Una vez visualizado el anuncio-evento enviado desde las miles de cuentas robadas, el interesado acudía a la web donde se descargaba la aplicación. Allí se le pedía que introdujera su número de teléfono móvil. Y aquí comienza el engaño, ya que el fisgón lo que había hecho no era descargarse ninguna aplicación, sino que se había suscrito a un servicio de mensajería premium, un servicio controvertido por el que se paga entre 1,5 y 7 euros por cada sms recibido.

Y era de esta manera que el desarrollador de la estafa recibía comisión por cada incauto, a modo de royalties.

En esta estafa no es la avaricia pecuniaria la que ciega al estafado, sino el afán de intromisión en comunicaciones privadas de otra persona. Y eso es delito, por lo que tanta culpa tiene el estafador como los estafados.

30/7/2013
Crisis, banca y mentiras

Parece ser que la crisis económica que sufren los ciudadanos con ingresos básicos no estalló de la noche a la mañana, sino que los dirigentes políticos-económicos eran conscientes de la que se nos venía encima. ZP la negó, Rajoy se lo echó en cara, pero con el cambio de gobierno, el perverso plan para eliminar el bienestar social siguió su curso. Nada más formar gobierno, el nuevo presidente anunció una política de austeridad y recortes en lo que a servicios al ciudadano se refería. Así, en nombre del ahorro se cerraba el el grifo en áreas tan sensibles como sanidad y educación.

Sin embargo, meses después, la opinión pública se veía sorprendida por la decisión del gobierno de hipotecar el país para obtener un rescate encubierto que dejaría mucho dinero en las cajas de los bancos, que pagarían sólo un 1% por el préstamo, pero que venderían ese dinero al 7 u 8 %. Se hacía con la excusa de reactivar el crédito. Sin embargo BSCH anuncia hoy que ha ganado en el primer semestre casi lo mismo que en todo 2012. Sin bien es cierto que esta entidad no se acogió al plan de rescate, la noticia nos da para sacar dos hipótesis que nos permitan seguir divagando con el asunto:
- Si BSCH gana lo que gana, las entidades rescatadas no estaban capacitadas para estar en el mercado, con lo que se ha subvencionado a negocios inviables que no merecían esa ayuda.

- Si BSCH gana lo que gana, la crisis es una simple excusa para que nos creamos que no hay dinero, y aceptar lo que ellos conlleva: ceder ante los recortes de servicios y admitir la pérdida de derechos laborales.

1/8/2013
600 latigazos por googlear...

Internet es un entorno donde, contadas excepciones, el régimen democrático y la libertad son pilares básicos. Por eso entre Internet y religión, como constructo social institucionalizado, hay numerosos engranajes que chirrían. En algunos posts anteriores hemos analizado como los pasos de progreso de algunos sectores de la curia católica chocan frontalmente con sectores ultraconservadores. Afortunadamente en Europa, esta diatriba se queda en un lo tomas o lo dejas. Es decir, para Rouco Varela podremos ser unos herejes y pecadores por disfrutar de los beneficios de la sociedad red. Pero ahí queda la amenaza, ya que, de momento, ser pecador no es delito.

¿Pero qué ocurre si los códigos religiosos, civiles y penales convergen y recaen en unas pocas manos que los dominan? A esta pregunta podría respondernos con conocimiento de causa el activista y redactor saudí Raif Badawi, que ha sido condenado a siete años de cárcel y a 600 latigazos por haber fundado la página web 'Free Saudi Liberals'. La web defiende la libertad de opinión, lo cual viola los valores del Islam, así que el juez ha ordenado el cierre de la página web, según informa el diario saudí 'Al Watan', Badawi, que permanece en prisión desde junio de 2012, estuvo acusado por apostasía, cargo que le hubiera acarreado la pena de muerte. Esto ocurre porque los jueces basan sus decisiones en la interpretación que hacen de la ley religiosa y no en un código legal escrito.

5/8/2013
Publicidad: El riesgo de elegir un buen nombre

Cuando el señor Tan Dao Vien montó su restaurante oriental en París no pudo imaginar lo curioso que sonaría su nombre en el país vecino. Aún así, se trata de un negocio local y el nombre en el país huésped no da el juego que produce en español.

Pero en mercados globales, con grandes distancias idiomáticas y culturales entre países productores y consumidores, es más fácil que se produzcan estas bromas lingüísticas. Ocurre a menudo en el mundo del automóvil. Cuando Mitsubishi lanzó su Pajero, en referencia a Leopardus pajeros o gato de las pampas, no podía imaginar que el término en los países hispanos era malsonante. A veces, la trampa es fonética, como ocurre con el Audi Q3 [cutre], cuyo nombre en español echa por tierra la imagen de prestigio dada por la marca alemana. Tampoco se quedaron cortos en Nissan al lanzar el Moco y los casos se repiten, como ocurre con el Mazda Laputa Lamborghini Reventón, Lancia Marica o Kia Borrego.

Sin embargo, a pesar de estos traspiés que las marcas suelen enmendar a posteriori, cabe plantearnos, en una sociedad moderna y madura, la responsabilidad que la agencias de publicidad tienen sobre las campañas que lanzan, aunque este caso lo trataremos esta próxima semana en el siguiente post.

10/8/2013
Responsabilidad social de la publicidad

Siguiendo con la temática del post anterior, retomamos el tema de la publicidad. En esta ocasión, divagaremos sobre la responsabilidad social de las agencias. El informe Pisa, "auditoría" educativa externa realizada por una ong tan altruista como es la ocede (organización para la cooperación y el desarrollo económicos), gusta de mostrar las carencias en áreas lingüísticas y matemáticas del alumnado español. Esta prueba inconexa es utilizada con saña por otras "respetables" instituciones como la ceoe, a la hora de buscar el desprestigio del sistema educativo español.

Sin embargo, cabe determinar si la responsabilidad sobre las habilidades gramaticales y aritméticas de nuestros jóvenes discentes recae únicamente sobre la institución escolar o habría que mirar también en otras sectores sociales, educadores subsidiarios de segundo orden, como puede ser la televisión, la prensa o la propia publicidad. Como ejemplo extremo podemos tomar esta valla publicitaria, en la que con sólo diez palabras, se han cometido tres errores gramaticales u ortográficos. No sabemos si el publicista superó escuela, instituto y universidad con las presentes aberraciones o si por el contrario fue víctima de un corolario de docentes analfabetos.

Sea como fuere, cuando una empresa invierte una cantidad importante de dinero en una campaña publicitaria, que menos que contratar a alguien con un mínimo dominio del idioma para hacer una corrección de estilo.

16/8/2013
Phubbing, el arte de ignorar al prójimo

Se decía de las redes sociales que eran capaces de acercarnos a los que están lejos y alejarnos de los que están cerca. Pero si se hace desde un móvil, este fenómeno tiene nombre: phubbing. Con este término inglés, formado por phone (teléfono) y snubbing (desairar), se denomina al uso intensivo del móvil a costa de ignorar, o al menos minimizar, la interacción social próxima.

Con la conexión ubicua, el móvil nos da acceso al mundo digital desde cualquier lugar, poniendo a nuestro alcance montañas de información. El no digerir está información o la constante necesidad de recibirla, puede crear una barrera más o menos robusta con los que tenemos al lado. Algunos psicólogos, como Roberto Balaguer, afirman que puede ser patológico. Como contrapartida, encontramos iniciativas stopphubbing que buscan erradicar esta costumbre.

21/8/2013
El cazador cazado

Por desgracia estamos acostumbrados a leer noticias sobre las redes de pornografía infantil que se coordinan o comparten material a través de Internet. Sin embargo, en estos días se ha destapado un caso cuando menos curioso. Una chica cacereña se fotografió desnuda y compartió su foto a través de WhatsApp. La foto se difundió, como era de esperar, más rápido de lo que ella pensaba. Cuando la madre de la menor se enteró de lo sucedido, denunció el caso ante la guardia civil. Tras investigar los hechos, fueron denunciados cuatro jóvenes y la propia afectada por un delito de tenencia y distribución de pornografía infantil. Y es que, a fin de cuentas, fue la propia joven la que realizó la foto y la que posteriormente la envió, lo cual fue el inicio de la cadena de distribución.

Con un poquito de sentido común nos iría mucho mejor en la vida, tanto en la digital como en la analógica

25/8/2013
Bocazas OnLine

Cody Hall, un joven norteamericano de 18 años, puede tener serios problemas en los juzgados a causa de sus declaraciones en Twitter. Tras atropellar a una ciclista cuando iba a más de 125 km/h en una zona de 60km/h, fue acusado de homicidio involuntario. Sin embargo, tras leer sus tweets, las autoridades decidieron que sería acusado de asesinato. ¿Por qué? Con anterioridad al atropello el joven hacía alarde de su conducción temeraria. Pero tras el "accidente" volvió a jactarse una vez más de lo que había hecho, asumiendo el asesinato de Diana Hersevoort, la mujer de 58 años a la que ha quitado la vida. Los comentarios serán utilizados en el juicio como agravantes por premeditación y "maldad implícita".

Y es que, como hemos comentado en anteriores ocasiones, las palabras se las lleva el viento, pero lo que subimos a la red, en la red se queda. Aunque los tweets has sido retirados del perfil de Hall, son custodiados por Twitter, quien los ha puesto a disposición judicial.

29/8/2013
RIP: El exilio princesa del pueblo

La fama es efímera, pero no es gratuita como pudiera parecer a primer vista. No estamos acostumbrados en la televisión española a encontrar personajes que triunfen no por sus logros, sino por su desfachatez, por su falta de amor propio e, incluso, por su vileza. El circo mediático se alimenta de tropas de bufones a los que adjudica diversos roles. Los bufones, a su vez, están dispuestos a hacer cualquier cosa por destacar entre las hordas chufleteras: convierten horas de televisión en pseudodebates, gritan, chillan, fornican sin reparo, se pelean, se van de campamento, juegan a hacer supervivencia... pero siempre con un denominador común: venden su premeditada intimidad sin el más mínimo reparo. Todo por unos minutos de fama y unas apariciones en televisión.

TeleCirco, la más casposa y ruin de las corporaciones audiovisuales que operan en nuestro país, convirtió a la reina de las bufonas en "princesa del pueblo". Le dio "fama", le dio horas de televisión y le dio la palabra ante un 20% de la audiencia. Se puede hablar incluso de belenestebanización, o síndrome de la máxima chabacanería acumulada en una sola persona. Pero a pesar de todo, contaba con su tropa de incondicionales. Sin embargo, del mismo modo que su contratista la vio subir, la dejo caer estrepitosamente, para seguir exprimiéndola como cadáver público una vez que su imagen se hizo añicos tras el impacto. Fue una más, ni la primera ni la última. Ahora le vasta con vender posados que reflejen su decadencia.

1/9/2013
Españoles, hemos mentido por encima de nuestras
posibilidades

Comienza septiembre y con él la monotonía tan necesaria para las vidas grises dedicadas el trabajo y no a la persona. Regreso a la oficina, vuelta al cole, los kioscos se llenan de coleccionables... una serie de acciones reiterativas que vuelven inexorablemente cada otoño para enterrar el tiempo de asueto.

El circo político también volverá a ponerse en marcha y volverán a la televisión esos infructuosos debates en el congreso y en el senado, que tan caros salen al contribuyente. Las temáticas ya las conocemos: no hay dinero, hay que trabajar más, hay que cobrar menos, vamos a regalar un ipad, un iphone y una visa oro a diputados y senadores... vamos, nada nuevo bajo el sol. Un imbricado entresijo pretendiendo justificar una crisis que ellos venden como económica, cuando los hechos muestran que es de corte social. Pero por si queda duda, nos espetarán aquello de españoles, habéis vivido por encima de vuestras posibilidades.

Pero, con su lenguaje sórdido y envenenado, se les olvida diferenciar cuáles son nuestras pretensiones y cuáles nuestras posibilidades ¿Derecho a asistencia sanitaria? ¿Derecho a educación? ¿Derecho frente a las tropelías laborales de las grandes corporaciones? Son pretensiones posibles, pues para ello cada ciudadano paga impuestos directos e indirectos. Y si el dinero público no llega, tal vez sea porque yernísimos y amiguetes lo han desviado a cuentas en paraísos fiscales o lo han repartido en sobres a sus acólitos.

Por ello, si realmente quieren que comprendamos la situación, les bastaría con afirmar: españoles, os hemos mentido por encima de nuestras posibilidades.

3/9/2013
Cuando WindowsPhone se comió a Nokia

En este mes de septiembre teníamos pensado lanzar varios post sobre cómo los móviles han transformado las relaciones humanas. Sin embargo hoy se nos cuela una noticia de corte económico, y es que Microsoft compra el negocio de móviles de Nokia por 5.440 millones de euros.

A finales de mayo en este mismo espacio reflexionábamos en el post Microsoft y Nokia ¿crónica del quiero y no puedo? como estas dos grandes compañías habían perdido sus posiciones de liderazgo por una serie de decisiones encaminadas a luchar contra la integración y la estandarización de los servicios móviles. Empecinados en no sumarse a la onda mayoritaria, Android, Nokia se obcecó en mantener un sistema operativo cadáver, como fue symbian y tras darse cuenta de su error, demasiado tarde, volvió a errar abrazando WindowsPhone.

Ahora Microsoft hace una declaración de intenciones y muestra su interés por dominar el mercado de los terminales, no sólo de su software. Habrá que permanecer atentos al duelo, apasionante se presenta.

5/9/2013
No sin mi Smartphone

¿Qué ocurriría si tuviésemos que vivir un día alejados de nuestro teléfono móvil? Miles Crawford ha dirigido el corto I forgot my phone a partir de una idea original de Charlene de Guzman en el que una chica sin móvil muestra su relación con un entorno donde este dispositivo tecnológico se hace omnipresente. La ausencia de u-comunicación (comunicación ubicua) de la protagonista contrasta con la dependencia del móvil de todos aquellos con los que se va encontrando, mostrando la soledad de la protagonista en el encuentro cara a cara frente a la hiperconexión del resto. Ello nos permite reflexionar, aunque sea en un caso extremo, si el móvil está condicionando la comunicación social, privilegiando el medio telemático frente a la comunicación directa.

El vídeo está publicado en el canal charstarleneTV, y en sólo una semana ha registrado casi diez millones de visualizaciones.

10/9/2013
+ smart, - pone

El smartphone nos da todo y nos facilita el acceso a un universo de servicios digitales. Podemos hacer la declaración de la renta, leer la prensa, ver vídeos, hacer videoconferencias... hasta llamar por teléfono sin un día nos hace falta. Y es que los nuevos móviles son tan potentes, que a veces su función de teléfono queda solapada por el el fantástico despliegue tecnológico que un voraz mercado exige a los fabricantes.

Los dispositivos que llevamos en nuestros bolsillos son cada vez más smart y cada vez menos phone. Cada vez tienen más prestaciones, pero cada vez tienen menos autonomía. Cada vez nos dan más usos, pero cada vez los usamos menos para telefonear, por paradójico que pueda permanecer a primera vista.

15/9/2013
Móviles ¿Libertad o esclavitud?

Los móviles han avanzado hasta límites insospechados hace apenas 15 años. A finales de 1999, cuando el mundo tecnológico hacía cábalas sobre los efectos del fatídico efecto 2000, la carrera por los dispositivos móviles se aceleraba de manera exponencial, y la tecnología servía al mercado unas serie de móviles cada vez más pequeños y con más autonomía de uso. Una vez llegada a la mínima expresión de tamaño, los móviles comenzaron a aumentar su tamaño al mismo ritmo que lo hacían su aplicaciones. Ello unido al desarrollo de las tecnologías 3G y 4G, hizo que los teléfonos se convirtieran en ordenadores de bolsillo.

Amber Case (@caseorganic) ha afirmado que los teléfonos móviles se han convertido en una especie de hijos en miniatura "si lloran los cogemos, los enchufamos para alimentarlos, cuando se pierden nos entra el pánico". Esta antropóloga afirma que en su mejor versión la tecnología nos ayuda a ser más humanos. Pero muy pronto los datos sobre nuestros desplazamientos habituales quedaran registrados y ofrecerá servicios muy buenos, como calcular la mejor ruta para llegar a un sitio concreto,   pero también expondrá nuestra intimidad como consumidores a los gestores de los templos de consumo, infatigables a la hora de buscar nuevos clientes. Ante esta perspectiva, cabe plantearse seriamente si los móviles nos liberan o por el contrario no atan al sistema, haciéndonos esclavos del consumo.

20/9/2013
El sinécdoque digital y el consumo correligionario

El sinécdoque es una figura retórica que se caracteriza por utilizar la parte por el todo por o el todo por la parte, entre otras variaciones. No vamos hacer referencia al programa Saber y Ganar sino que vamos a ocuparnos de una curiosa situación que se da con algunos usuarios de móviles, que vienen a facilitar una nueva categoría de ejemplos para las clases de lengua y literatura. Nos referimos concretamente a los usuarios de Apple, que no dirán voy a llamar por teléfono, sino que dirán voy a llamar con el Iphone. Igualmente, no poseen reproductor de mp3, sino que tienen un iPod y tampoco tienen un portátil sino que tienen un macbook y para ellos las tablets son iPad.

Está identificación tan fuerte entre marca y producto no se da en usuarios de la competencia (el resto del marcado), lo que genera, sin lugar a dudas, un nuevo tipo de consumidor. El consumidor correligionario, tal como adelantamos en Apple es el único Dios, y Jobs su profeta (17/07/2010).

23/9/2013
Jobs, biopic póstuma para el gurú de la manzana

Este fin de semana se ha estrenado en España la biopic sobre Steve Jobs, el mítico CEO de Apple. El mundo del cine, saturado de estrenos, se muestra ávido de nuevos temas que transformar en ingresos. En una sociedad tecnológica como la actual, ocuparse de los iconos de la transformación social es una nueva vía para conseguir temas y, consecuentemente, jugosas taquilla.

Tras películas como Facebook o Piratas de Silicon Valley, con protagonistas en vida como Mark Zuckemberg, Bill Gates o el propio Steve, en este caso, Jobs, es un homenaje póstumo a un personaje que transformó la forma de ver el mundo tic. Y el hecho de que la industria del celuloide invierta en este tipo de películas, sirve como termómetro para medir la importancia que la tecnología tiene sobre la sociedad, en la que los gurús tecnológicos tienen una influencia y un peso específico muy importante.

25/9/2013
Dispersión tecnológica frente a concentración comercial

En los últimos años los teléfonos móviles han copado el mercado tecnológico. Hablamos pues, de un mercado muy jugoso. Casi todas las compañías basan su política comercial en una inmensa dispersión de productos. En el mercado se dispone de un maremágnum de marcas, modelos y gamas que hacen que el consumidor no sepa muy bien lo que compra.

Frente a este galimatías tecnológico, encontramos a Apple que, lejos de sumarse a la tendencia dispersadora, ha apostado por concentrar todo su potencial en un único producto. Y parece que no les ha salido mal. Quizá no sea la compañía que más vende pero si puede presumir de tener un público fiel dispuesto a esperar horas de cola para adquirir la nueva versión de móvil una vez que sale . A Apple les vale más la concentración que la dispersión,

¿Qué política comercial es más atractiva? ¿Y cuál más ética? ¿Es más rentable crear un universo inteligible paralelo que forjar un cliente fiel a la marca y al producto? Los dos modelos están vigentes, aunque las mayoría de los fabricantes ha elegido la dispersión. Pero los dos modelos están vigentes, y la marca que ha apostado por la concentración encabeza en solitario un modelo casi filosófico a la hora de entender la tecnología de las comunicaciones.

27/9/2013
Así domesticamos el mundo: la alfarería

Con la reanudación de la programación no veraniega de Canal Extremadura Radio, vuelve Cosas que pasan y su sección dedicada a la antropología, en la que tratamos de analizar los hitos que nos ayudaron a ir modificando nuestro entorno. En Así domesticamos el mundo, este jueves hemos hablado de alfarería.

Los seres humanos comenzaron su sedentarización en torno a los cauces fluviales. Tres cuartas partes de nuestro cuerpo son agua, y sin ella no somos nada. Por ello, fabricar un recipiente que nos permita almacenarla y transportarla, es un hecho de tal importancia en el que pocas veces reparamos. Aparentemente es un invento más, pero sin duda revolucionó el comercio y la vida cotidiana, al poder almacenar, transportar e intercambiar todo tipo de líquidos. Sin duda un paso más en nuestro camino hacía lo que somos hoy y un elemento de reflexión para comprender los procesos de socialización y hominización.

30/9/2013
U-generation

Durante mucho tiempo se ha hablado de e-política, e-administración, e-comercio. Poner la e delante de cualquier palabra venía a indicarnos la transmisión de un actividad convencional a una actividad a través de las nuevas tecnologías, o simplemente la búsqueda de la estética y la modernidad.

Ahora además, comienza a utilizarse U, como prefijo que indica ubicuidad. Así el u-learning hace referencia a la posibilidad de formarse en cualquier lugar (OCW - OpenCourseWare). Prestigiosas universidades ponen en línea textos docentes para que un usuario en cualquier parte del mundo pueda acceder a ellos y así abrir una vía hacia el conocimiento. Podemos también hablar de u-comunicación, proceso que hace referencia a la cualidad mediante la cual los seres humanos pueden estar comunicados con el resto del mundo a través de su smartphone desde cualquier lugar.

Así podemos hablar del advenimiento de la u-generation, que vendría a ser la generación ubicua, la generación que dispone de recursos a través de su teléfono inteligente en cualquier lugar del planeta, lo que vendría a reforzar el presupuesto del cambio de paradigma social que venimos defendiendo en este blog desde hace 6 años.

5/10/2013
El trabajo esclavo

Hace unos días encontré una antigua alumna en un centro comercial. Hablando del trabajo, me cuenta que está "interna" y que "libra" cada dos viernes. Vivimos una importante crisis financiera global de la que algunos países comienzan a salir a costa del sacrificio perpetuo de otros. A escala nacional. ocurre algo parecido y, en el ámbito laboral nos encontramos con este tipo de actividades, en las que el "mileurista" es rey al lado de estos sub-trabajos. Una persona sacrifica su vida y su tiempo libre, por un empleador que en la mayoría de los casos no paga horas extras ni cotizaciones sociales. De todas maneras, por escaso que sea el sueldo, con dos días libres al mes, poco tiempo hay para gastarlo.

Nos encontramos pues, con una situación de esclavitud en un país perteneciente a la unión Europea. una situación que en vez de posibilitar el desarrollo de las personas, las enquista en sistemas de subsistencia que generan un círculo vicioso. El trabajo debe ser un mercado en el que se intercambia una fuerza laboral por dinero, un quid pro quo. Hay que trabajar para vivir, y no vivir para trabajar. Sin duda, este tipo de "relaciones laborales" perpetúan un sistema jerárquico que impide un desarrollo social sano. No hay sociedad madura mientras exista este tipo de opresión laboral, social y económica englobada toda ella bajo la necesidad de trabajar.

10/10/2013
La forja del autónomo emprendedor

Durante años hemos asistido a la forja de la figura, casi mítica, del autónomo. Con este término se englobaba a todos los trabajadores que cotizaban en este régimen especial de la Seguridad Social. Tenía algo romántico y algo de aventurero por aquello de si no facturo no cobro y por tener que poner toda la carne en el asador día a día para poder reinventarse y buscar nuevas vías de comercialización.

El personaje resultó simpático a la sociedad por su abnegación, incluso las compañías telefónicas le dedicaban anuncios en televisión. Sin embargo, la nefasta política fiscal española y el estrangulamiento de aquellos que se aventuraban a cotizar en este régimen de la Seguridad Social hizo que el término se fuera contaminando. Para renovar la gallina de los huevos de oro la administración ideó una nueva campaña mediática y ahora los autónomos pasan a denominarse emprendedores.

A los políticos se le llena la boca cuando hablan de emprendimiento. Sin embargo, perversamente meten en el mismo saco a un empresario que desarrolla un programa de innovación espacial y a una persona que coge un local y lo llena de gusanitos y patatas fritas y se sienta a esperar que entran clientes. Con todo el respeto que merece esta segunda opción, los dos casos presentados son muy diferentes. Está claro que el segundo no ofrece mi autonomía ni emprendimiento. Por eso, cuando en un debate entre trabajadores por cuenta ajena, autónomos y funcionarios las dos primeras categorías se jactan de ser los trabajadores que levantan el país hay que ser valientes y atreverse a destapar este mito, afirmando que al igual que hay funcionarios vagos, existen autónomos con esta característica. Y que emprender es algo más.

15/10/2013
FMI, crónicas corruptas

El Fondo Monetario Internacional no es un organismo que pueda presumir de ser transparente. En los últimos meses varios componentes de su estructura han sido involucrados en casos delictivos, abusos sexuales, abuso de poder, desvío de fondos, nepotismo...

Una gran diversidad de delitos en el currículum de esta institución, que no se salda con dimisiones ni con destituciones. Todo ello a pesar de que algunos de sus directivos tienen más relación con los presos comunes de cualquier prisión que con la prestigiosa entidad que debería ser.

Sin embargo no dudan en dar consejos más que discutibles para sacar a occidente de la crisis. Aconsejan despidos masivos de funcionarios, reducción de sueldos y proponen como opción para luchar contra el hambre alimentarse a base de insectos. Además, se permite "alertar" de que la población vive más de lo esperado.

Los más triste es que los gobiernos europeos siguen dando credibilidad a una institución de esta calaña, y tomando en serio sus febriles divagaciones.

23/10/2013
Así domesticamos el mundo: domesticación

La domesticación de los animales supuso otro gran paso en el proceso de humanización. Por primera vez comprendimos que, además de alimento, los animales podrían ofrecer compañía. El primer animal domesticado fue el perro, hace unos 15.00 años. Además de ayudar en la caza y de vigilar los rebaños milenios más tarde, el perro era por excelencia un animal de compañía. La sedentarización y la acumulación de excedentes permitió a nuestros antepasados desarrollar otras necesidades que las meramente biológicas. La domesticación de los animales implicó un cambio en las relaciones con otras especies, ya que a cambio de su compañía o el regalo de sus productos, recibían cuidados y protección por parte de las comunidades humanas. Tras el perro llegaron otros animales, de los que aprovechamos su leche, sus pieles, su miel o su fuerza de tiro.

A través de cruces, el ser humano fue buscando animales adaptados a diversas finalidades. Ello es posible gracias a un pensamiento a largo plazo. Estos cruces han posibilitado que haya perros de compañía o de ataque-defensa, que haya vacas de leche y vacas de carne... Así fueron apareciendo nuevas especies con modificaciones morfológicas (genética) y de comportamiento (memética).

Sin embargo, como reflexión final, podríamos preguntarnos si la domesticación fue un producto consecuencia de la sedentarización o si fue el compartir espacios y vivencias con otras especies animales lo que nos llevó a establecernos en lugares fijos en vez se seguir errando un espacio a otro buscando recursos.

20/10/2013
Piratas 0 - Corruptos 1, la culpa fue de la crisis

La justicia española nos sorprende con un endurecimiento de las penas para aquellos que realicen actividades "ilegales" en internet. Mientras, vemos como día a día salen a la palestra nuevos casos de corrupción destapados por la prensa no afín. Es decir, que los panfletos de cada bando sacan a la luz los trapos sucios del bando contrario, pero no dudan en ocultar los del propio. Al cabo de los años, cuando salen los veredictos, nos damos cuenta de que las penas a cumplir, a pesar de los jugosos botines recaudados, son irrisorias.

Sin embargo, el gobierno se desmarca este otoño anunciando el endurecimiento de los delitos telemáticos. Vamos que si se tercia te pueden enchironar hasta seis años por descargar una película, pero si te haces promotor de una idea, vendes humo y te vas con el dinero de tus "compradores", siempre puedes argumentar que la culpa no es tuya, sino que fue de la "crisis".

25/10/2013
¿App o juego de mesa? ¿El huevo o la gallina?

La tecnología ha transformado vertiginosamente la sociedad, permitiendo el traspaso de hábitos cotidianos analógicos a este nuevo entorno que nos ofrece Internet. Todo es susceptible de lleva la etiqueta 2.0 y desembarcar en la red, cosechando éxitos o fracasos de manera fulgurante.

Apalabrados es un caso de éxito de un concepto que pasó de analógico a digital y volvió a aterrizar en analógico aprovechando su popularidad en la red. Encontramos su origen en un conocido juego de mesa, Scrabble, quizás el juego de palabras cruzadas más popular. Sus inicios, allá por los años 30 del siglo pasado, fueron lentos y difíciles. Sus creadores, tras casi 20 años de penurias, consiguieron hacer rentable su idea. Al contrario, Apalabrados alcanzó su estrellato en el Market o en el App Store en un breve espacio de tiempo. En menos de dos años ha conseguido ser una apps estrella y desde esta posición ha dado el salto al mercado del juego de mesa tradicional.

30/10/2013
Profesiones del futuro, profesiones del pasado

Con la eclosión digital, el mercado laboral se transformó de manera abrumadora. Se decía hace tiempo que las nuevas profesiones aparecidas no hubieran sido soñadas hace unos años, pero que aún éramos incapaces de imaginar lo que estaba por llegar y en qué trabajaríamos diez años después.

Este optimismo por la capacidad de generación de empleo que tiene la red en cierta medida está justificado. Data engineer, scrum master o la más conocida, community manager, son algunas de las nuevas profesiones surgidas alrededor de internet.

A fin de cuentas es un nuevo escenario al que se está desplazando toda la actividad social analógica. Sin embargo, el propio tiempo y ritmo de la sociedad digital hace que lo que se descubrió ayer, hoy quede anticuado. Además, la propia dimensión burbuja de la red, incita a este envejecimiento prematuro.

La figura del community manager, que mencionábamos anteriormente, se ha convertido en refugio de informáticos, periodistas, sociólogos y otros especímenes procedentes de las ciencias sociales, estando al borde de la saturación.

5/11/2013
Agresividad contra el pc, válvula de escape analógica frente al estrés digital

Una encuesta realizada a 8000 usuarios por el fabricante de dispositivos de almacenamiento Sandisk revela que el 17% de los encuestados ha golpeado su equipamiento informático desesperados ante las aplicaciones y archivos que tardaban mucho en abrirse. Por poco representativa que sea la investigación o por sesgada que sea la muestra, 1.500 españoles, que no es poco, reconocen haber mostrado agresividad hacia su ordenador y un hasta un 27% reconocen haberse puesto de mal humor para el resto del día. Y es que, aunque normalmente las máquinas que nos rodean nos facilitan la vida, a veces nos la complican en demasía, sobre todo a causa de la dependencia hacia ellas que hemos generado. El tiempo muerto digital, pues, se convierte en otra situación de generación de estrés en nuestras sociedades post-industriales.

Si comparamos estos porcentajes con otros países, EEUU y China son los más comprensivos con sus terminales de acceso, con un 14% de agresores y los alemanes -como el niño del vídeo- los más agresivos, con una cifra que aumenta hasta el 23%. Tal vez sea necesario que el motor de Europa instaure una sociedad protectora de ordenadores.

Quizá la extrapolación de esta actitud explique lo que esperan de nosotros, sus vecinos del sur, y cómo nos tratan cuando frustramos sus expectativas. Pero por aquí tenemos más aguante con que nos tomen el pelo. Aunque, puesto a profundizar en esto de la violencia digital, es España nos falta por averiguar quién lobotizó el ordenador de Barcenas.

No más maltratadores de chips.
Tolerancia cero bits.
Solidaridad con los circuitos impresos afectados.

10/11/2013
Revolution

Vivíamos en un mundo eléctrico, todo dependía de la electricidad, y de repente, se fue. Todo dejó de funcionar y no estábamos preparados. El miedo y la confusión dieron paso al pánico. Los más afortunados escaparon de las ciudades. Cayeron los gobiernos. Las milicias tomaron el poder controlando los alimentos y acaparando las armas. Seguimos sin saber la causa del apagón, pero esperamos que aparezca alguien y nos muestre el camino.
Texto de apertura de la Revolution

¿Qué pasaría si de repente la electricidad desapareciera del planeta? Seríamos capaces de desenvolvernos en un mundo retornado al siglo XIX con el conocimiento del siglo XXI? Revolution es una serie de televisión que se plantea este tipo de cuestiones, además de poner en entredicho los valores éticos de la humanidad, así como su solidaridad o tolerancia. Cuando la electricidad desparece, el orden social se revierte y el caos llega a las ciudades. Nuevas estructuras de poder se establecen en un mundo postapocalíptico y aquellos que ocupan las esferas de mando, se resisten a aceptar una posible vuelta a la realidad anterior.

14/11/2013
Así domesticamos el mundo: conservación de alimentos

10ª colaboración en la sección Así domesticamos el mundo del programa Cosas que pasan de canal Extremadura Radio. Hoy hablamos de la conservación de los alimentos

La conservación de alimentos condiciona la vida humana, pues permite transformar alimentos perecederos en un alimento que se conserva durante más tiempo. Es positivo porque permite en momentos de abundancia almacenar para épocas de carestía. Salazón, embutido, encurtidos, ahumados, conservación azúcar (almíbares y mermeladas), desecación o deshidratación, fermentaciones... Los registros arqueológicos indican que ya se procesaba vino en la zona mediterraneo desde hace al menos 10.000 años y que en Egipto se elaboraba cerveza y queso en Egipto desde hace 7.000 años. En la zonas del norte de Europa, se aprovechaba el hielo natural para congelar alimentos.

Sin duda, estas técnicas ayudaron a homo sapiens a emprender empresas en las que no podría obtener alimentos por la caza o la recolección. Las grandes travesías de los grupos humanos no hubieran sido posibles sin estas prácticas: grandes travesías por agua, paso de Asia a América por el estrecho de Bering o la colonización de territorios extremos (climas polares, zonas desérticas). Por otra parte, se favorece la solidaridad y socialización, como ocurre con la elaboración de los quesos colectivos, donde todos los vecinos ceden leche para la elaboración de quesos de gran volumen. Después el producto elaborado se comparte entre todos,

15/11/2013
Gran Hermano: tan cerca, tan lejos

A finales de la primera mitad del siglo pasado, George Orwell escribió 1984, una novela que presentaba un tiempo futuro no muy lejano donde todas las dimensiones individuales de la persona eran controladas.

Sin embargo, el fenómeno del Gran Hermano no ha hecho más que madurar y tomar posiciones con el paso del tiempo. La distopía de Orwell se materializa y hace presente desde el mismo momento que manejamos un dispositivo conectado a Internet o desde que utilizamos un teléfono móvil. La tarjetas de fidelidad de los supermercados, de un modo más subterfugio y, aparentemente más rudimentario, cumplen la misma función: saber cómo, cuándo y qué consumimos.

Sin embargo, el ciudadano medio ha aceptado dócilmente este tipo de control a cambio de prebendas varias, como descuentos en artículos o como daño colateral por poder estar comunicado o por tener acceso a una red supranacional de datos. Lo que pocos podían dar por cierto es que la agencia de seguridad norteamericana estuviera espiando, como ocurría tras la IIGM, a líderes nacionales europeos. Ahora, en plan paternalista, EE.UU, dice que los europeos deberían sentirse alagados de estar amparados por el paraguas protector gringo.

Sea como fuere, lo cierto es que con el desarrollo de las tecnologías de comunicación la sociedad de control cada vez está más cercana.

25/11/2013
Obsesión digitalizadora y Apocalipsis digital

En los últimos tiempos estamos viendo como los usuarios digitales se afanan en trasladar su vida a la red. Pantallas capacitivas, discos duros, conexión 7/7 24/24, almacenamiento en la nube... Todo vale por llevar al ciberespacio lo que somos, o lo que nos gustaría ser. La red se convierte en un escenario imprescindible para el homo sapiens digitalis, para el ciudadano del siglo XXI.

La obsesión por el giga extra condiciona el éxito de productos tangibles o intangibles. Ponemos en digital nuestra vida. Fotografía, documentos, cuentas bancarias... Internet ofrece una vida paralela, dando continuidad digital al átomo. como reflexionaría Negroponte.

Sin embargo, no somos consecuentes de la fragilidad del medio. No hay que recurrir a escenarios distópicos, como comentamos en el post revolution. Ni a catástrofes naturales que impidan la producción de energía eléctrica aunque no conlleven consecuencias en los órdenes sociales. En ámbito individual y doméstico, un simple accidente -una avería irreversible de un disco duro, la desaparición de un servicio on-line de almacenamiento- puede hacernos perder nuestra vida digital, con el siguiente trastorno.

28/11/2013
Así domesticamos el mundo: el vestido

11ª colaboración en la sección Así domesticamos el mundo del programa Cosas que pasan de canal Extremadura Radio. Hoy hablamos del vestido

El hecho de que el ser humano comenzará a utilizar prendas para cubrir su cuerpo marcó otro gran hito en su proceso culturizador. Aquí el uso de registros arqueológicos es más confuso, debido a la volatilidad del material así como el largo tiempo que hace que homo sapiens adquirió estos hábitos. Se maneja la fecha de 50.000 años, lo que hace que las primeras prendas utilizadas, fabricadas con pieles, cueros o elementos vegetales, se encuentren en un estado que hace que sea muy difícil aseverar nada.

Inicialmente podemos plantear dos funciones: el abrigo y la protección. Posteriormente aparecerán el pudor (en algunas culturas) y la estética. Está última además nos lleva a comprender cómo el vestido, inicialmente una necesidad de segundo orden inmediatamente después de la alimentación, afectividad y refugio, se convierte en un indicador de estatus: a más poder adquisitivo, más, mejores y más exclusivos ropajes.

La mercantilización de la industria textil generó pueblos especialistas en algunos tejidos codiciados (seda, algodón, lana, pieles...). La industria del tinte también proporcionó pingües beneficios en aquellos que la dominaban. Así, en la Europa medieval donde la vestimenta era gris o negra, eran muy codiciadas la prendas llegadas de oriente, con hermosos y llamativos colores. Evidentemente estos productos sólo estaban al alcance de unas pocas manos.

Sea como fuere, la vestimenta es ya una función que nos diferencia del resto de los animales y que es básica para comprender el proceso de hominización y enculturación de homo sapiens.

30/11/2013
Bluetooth, unificando tribus

El léxico digital ha enriquecido los diccionarios y el lenguaje cotidiano para representar nuevas realidades. Pero no siempre podremos hablar de neologismos en términos absolutos, pues los escenarios digitales suelen nutrirse de la mitología y el saber clásico (ver ¿Qué significa realmente ciber? 22/03/2009) para adaptar estos avances a las inquietudes humanas que han permanecido latentes por determinismo tecnológico. En honor a esta inquietud, los creadores del universo digital recurren con frecuencia a metáforas retroactivas para designar estos avances, anteriormente soñados pero hasta ahora no conseguidos.

Al diseñar el Bluetooth, que técnicamente podemos definir como una especificación industrial que posibilita la transmisión de voz y datos entre diferentes dispositivos mediante un enlace por radiofrecuencia, Jim Kardach lo bautizó así en honor del rey danés y noruego Harald Blåtand. La traducción al inglés del nombre del soberano sería Harald Bluetooth. Pasó a la historia por unificar las tribus noruegas, suecas y danesas y por convertirlos al cristianismo. De la misma manera que el protocolo de telecomunicaciones ha unificado la intercomunicación entre PDAs, teléfonos móviles, computadoras portátiles, ordenadores personales, impresoras o cámaras digitales.

El logo de Bluetooth son las runas de las iniciales del nombre y el apellido de Harald Blåtand: Hagall y Berkana.

5/12/2013
Obsolescencia programada, obsolescencia lobotomizada

La obsolescencia está presente en una sociedad eminentemente tecnológica. Cuando además está programada, puede ser antiética, incluso delictiva si se pude demostrar El documental comprar, tirar, comprar denuncia esta práctica.

Sin embargo, la publicidad, elemento imprescindible en una sociedad consumista, es capaz de generar en la mente de los consumidores una sensación de obsolescencia de corte lobotomizador. Se programa al comprador para que desarrolle una necesidad de "estar siempre a la última". El smartphone más potente, la tablet con más prestaciones, el coche más equipado, la ropa más mona... ningún sector, ni tecnológico ni tradicional escapan a este fenómeno.

Así, aún más subjetiva e intangible que la obsolescencia programada, la obsolescencia lobotomizada nos impulsa a comprar compulsivamente, a consumir de manera irreflexiva, para satisfacer una necesidad creada. No es necesario programar un aparato para que deje de funcionar al terminar su periodo de garantía, es más económico y fructífero programar al comprador para que sienta que necesita comprar, para que su felicidad sea directamente proporcional al número de gadgets poseídos.

12/12/2013
Así domesticamos el mundo: tecnología

12ª colaboración en la sección Así domesticamos el mundo del programa Cosas que pasan de canal Extremadura Radio. Hoy hablamos de la tecnología

Cuando hablamos de tecnología nuestra mente se fija rápidamente en la complicada cacharrería que inunda las vitrinas de los templos del consumo o bien en las sofisticadas maquinarias que nos permiten desplazarnos, curarnos o adaptarnos al medio. Sin embargo, podemos aceptar la tecnología como una característica propia del propio proceso hominizador y un rasgo diferenciador de homo sapiens dentro del conjunto de componentes del reino animal. La tecnología es la serie de mecanismos, técnicas y herramientas que nos permiten dominar un determinado aspecto.

Así, en el paleolítico, el tallado de la piedra era una tecnología muy eficaz en manos de sus creadores. y que los diferenciaba de aquellos que no la dominaban. A medida que avanza el proceso de hominización nuestros antepasados van dominando una serie de tecnologías que dan lugares a sociedades cada vez más complejas.

En cualquier momento que nos centremos, al mirar atrás, las tecnologías anteriores parecerían toscas y rudimentarias, al igual que para un humano actual cualquier progreso logrado en siglos anteriores pueda parecer en cierta medida ingenuo. Pero de igual manera nos verán a nosotros dentro de quinientos años, cuando se hayan solventado dificultades que en la actualidad parecen insalvables para nuestros científicos e ingenieros. Y es que los procesos tecnológicos son sumativos, y podemos recurrir a ellos para progresar en nuevos ámbitos del conocimiento, sin necesidad de que cada generación parta de cero en su aventura del saber. Somos enanos a hombros de gigante, y en este post se aprecia contundentemente el alcance y profundidad de esta metáfora medieval.

15/12/2013
El cartero ya no llamará tres veces

Poste de Canadá, la empresa encargada de repartir el correo postal en el país norteamericano ha anunciado que de aquí a cinco años desaparecerá el servicio de reparto de cartas a domicilio. El servicio, que ha caído brutalmente en los últimos años, ya no es en absoluto rentable. La alternativa para aquellos románticos que sigan queriendo usar lápiz y papel, pasa por que el destinatario vaya a la oficina de correos correspondiente para recoger su envío.

Poste de Canadá ha anunciado que paulatinamente desaparecerán hasta 8.000 carteros e irán subiendo el precio de los sellos, intentando limitar el uso de este servicio por parte de los ciudadanos.

Otro caso más en el que vemos como Internet ha sido capaz de transformar profundamente la manera de actuar de la sociedad.

20/12/2013
Espionaje digital: las cloacas de la red

Si tuviéramos que escoger al personaje del año, dentro del ámbito de la sociedad red, este año no hablaríamos de Zuckemberg, ni de Gates ni del difunto Jobs. Si podemos destacar un hecho este año, no sería la invención de un objeto o de un software revolucionario. Sin duda, siguiendo la estela iniciada por Asange y su Wikileaks, este año deberíamos resaltar la figura de Edward Snowden. Tras trabajar en diversas instituciones estadounidenses, recaló en la NSA, donde trabajaba como analista de sistemas. A pesar de tener, según sus propias palabras, una vida cómoda y un salario por encima de los 200.000 dólares, Snowden arrojó todo por la borda y destapó algo que se preveía e imaginaba pero que nadie antes se atrevió a desmostar: el estado de vigilancia que EE.UU ejerce indiscriminadamente en todo el mundo. En declaraciones a The Guardian afirmó que "no quiero vivir en una sociedad que hace este tipo de cosas... No quiero vivir en un mundo donde se registra todo lo que hago y digo. Es algo que no estoy dispuesto a apoyar o admitir" (junio de 2013).

Tras estas polémicas declaraciones, los afectados, como la canciller Merkell no tardaron en demostrar su malestar y trasladar sus quejas a la Casa Blanca, desde donde declararon con autosuficiencia que los europeos deberían sentirse orgullosos de que los EE.UU velaran por ellos. A pesar de zanjar su fechoría de manera pretenciosa, al igual que ocurrió con Asange, se inició un caza de brujas contra Snowden, quien aún espera que se le conceda asilo político en algún país disidente de las directrices norteamericanas. España, Portugal, Francia. Italia o Rusia, a pesar de haberse visto afectados por la vigilancia telemática de la NSA, negaron el asilo al informático estadounidense quien afirmó que "No hice nada malo. Soy un convencido de que deben ser los ciudadanos los que decidan sobre el poder que le otorgan al Estado y no un burócrata de turno".

Corporaciones como Apple o Google han pedido a la Casa Blanca que debe haber compensaciones para las empresas del sector, que se han visto dañadas por la pérdida de confianza de los usuarios. EE.UU. da la razón a las grandes sociedades informáticas, pero lejos de reconocer su error, han optado por criminalizar al mensajero. Tal vez, al igual que ocurrió con el caso wikileaks, estén favoreciendo la aparición de un nuevo mártir por la causa de la libertar de expresión y el derecho a la intimidad en Internet.

29/12/2013
Lo que 2013 se llevó...

Al acercarse el final de este año, en lugar de hacer balance de las novedades que nos ha traído, podemos igualmente hacer homenaje a los grandes nombres que abandonaron el escenario digital. El software es una nueva forma de arte que, una vez consumida, suele caer en el olvido. A veces cae por faltas de actualizaciones, otras por la volatilidad de los usuarios y otras por guerras comerciales. Sea como fuere, como muestra de respeto por los servicios prestados, vaya este post a ofrecerles reconocimiento póstumo.

WinAmp, que simplemente no está ya. Sin embargo, las versiones existentes podrán ser utilizadas hasta que

aparezcan incompatibilidades con los nuevos sistemas operativos.
Google Talk.7, que fue reemplazado por Hangouts
Altavista, el mítico y pionero navegador.
Lavabit, que cayó arrastrado por el escándalo de la NSA
Symbian, que desapareció cuando Microsoft adquirió Nokia
Windows Live Messenger, que dejó paso a Skype
Google Reader, que fue sacrificado para potenciar G+

31/12/2013
Fin de año ¿cambio de tercio?

Termina 2013, y llega un el consabido cambio de año. Muac muac, feliz año nuevo y todas esas fórmulas que repetimos sin más planteamientos cada navidad. En el ámbito de la numerología, ha sido el primer año en tener sus cuatro dígitos diferentes desde 1987 y el 11 de diciembre pudimos datar nuestros escritos como 11-12-13, fecha secuencial que no volverá a repetirse hasta dentro de un siglo. Dejando a un lado las curiosidades, la cosas han cambiado poco y no podemos decir que haya sido un año de cambios decisivos.

2013 ha vuelto a hacer buena la teoría de poder de Faucault y nos ha venido a mostrar como las relaciones de poder son imprescindibles para entender un sistema cultural. En los países mediterráneos, entiéndase a priori España e Italia, podemos ver cómo, incomprensiblemente, el poder sigue siendo ejercido por los menos capacitados, a pesar de ser elegidos una y otra vez por una mayoría insatisfecha que se queja de su realidad mientras que no busca opciones de cambio. Este ejercicio del poder se ha asentado sobre dos pilares básicos. Por una parte las fuerzas de represión del estado -policías y ejército- y por otra la clásica fuente de violencia simbólica, la contradictoria iglesia católica.

Las disposiciones legislativas de última hora han ampliado la extensión de las fuerzas de represión. Ahora además de las policías varias y guardia civil, los guardas de seguridad, trabajadores por cuenta ajena de empresas privadas, podrán ejercer como autoridad, con el peligro que ello supone. Sin duda una medida coercitiva orientada a reprimir, en caso de necesidad, al indignado ciudadano tras los recortes de derechos y de la libertad de expresión. Y por si fuera poco, esta acción directa se ve compensada por la aprobación de la curia vaticana, que se siente en su salsa en el único país europeo, junto a Italia, donde los obispos juegan a ser políticos pero se sienten "agredidos" cuando se les lleva la contraria en cuestiones divinas. En estos días sus ataques contra situaciones que una sociedad supuestamente moderna como la nuestra debería tener de sobra superados, han sido más virulentos si cabe. Así no han dudado en arremeter contra el aborto, la homosexualidad o la emancipación de la mujer. El obispo de Granada se atrevió a publicar el polémico texto cásate y sé sumisa, y el de Castellón no dudó en afirmar que la homosexualidad es una enfermedad y que si el matrimonio no es religioso, no puede ser amoroso. Las parejas de hecho, el matrimonio civil o el acceso de la mujer al mundo del trabajo no son normales para esta institución que ve normal que una paloma baje del cielo y deje embarazada a una virgen. Pero en España estos anacronismos tienen amplia cobertura, y los obispos montan cada diciembre sus fiestas en la plaza de Colón, acto impensable en ningún otro lugar de Europa (Bueno, la otra excepción la hemos nombrado anteriormente). Con la iglesia hemos topado, y para ello la curia ha apoyado al gobierno de la nación desde los años treinta del pasado siglo en adelante... Hasta tal punto es un galimatías está institución que su jefe supremo en la tierra tuvo que presentar la dimisión, dando la oportunidad a un argentino del alcanzar el papado

A parte de estos dos elementos de control, contamos con otros más sutiles: telecirco sigue ofreciendo su carnaza, el libro de Belén Esteban no para de cosechar éxitos y este años casi hemos sido campeones de Europa. Buenos argumentos para olvidar los recortes sociales y los de derechos adquiridos tras años de lucha. Mientras, el rey campechano y su troupe siguen disfrutando de lo lindo, a la vez que canal plus Francia dedica un documental. Pero no solo la casa real roba todo lo que puede, ya que han seguido cayendo políticos corruptos a diestra y siniestra. Pero tampoco es algo que deba preocuparles, ya que pocas sentencias judiciales les hacen terminar entre rejas.

Al otro lado del Atlántico, los EE.UU se siguieron escandalizando cuando alguna teta o algún porro se colaba en televisión, pero no se dieron por aludidos por la trama de escuchas pertrechada por la NSA. Y fuera del mundo occidental, las preocupaciones son otras: miles de personas perdieron la vida intentando entrar en Europa atravesando el Atlántico. Muchas más corrieron igual desgracia en los múltiples conflictos armados repartidos por África, Asia o América y otro millar más fue aplastado en un taller de costura en Bangladesh donde trabajaban hacinados para que el próspero occidente llene sus armarios de ropa cada nueva temporada en un ataque de rancia opulencia.

Otro año pasa, pero los problemas no se solucionan y el hambre, la guerra y la penuria atacan al 80% de la humanidad. Pero no se preocupen, en breves momentos tomaremos las uvas y aquí no pasa nada, patada al 2013 y que el 2014 nos traiga cosas buenas. Es condición humana.

www.antropiQa.com   www.alfonsovazquez.com

www.ingramcontent.com/pod-product-compliance
Lightning Source LLC
Chambersburg PA
CBHW060948050326

40689CB00012B/2589